Miquel Querol

La Música
en el Teatro de Calderón

Diputació de Barcelona
Institut del Teatre

Any 1981

Publicacions de l'Institut del Teatre de la Diputació de Barcelona
Institut del Teatre, carrer Nou de la Rambla, 3 (Palau Güell), Barcelona-1

Primera edició: octubre de 1981
© Miquel Querol
Propietat d'aquesta edició: Diputació de Barcelona

ISBN: 84 - 500-4923-7
Dipòsit legal: B. 33.902-1981

Compost i imprès a: Tipografia Empòrium, S. A., Ferlandina, 9 i 11, Barcelona-1

PROLOGO

El elemento musical en el teatro de Calderón forma un vasto océano en cuyas aguas estuve varias veces a punto de naufragar. Quiero decir que son tantas las cosas que hay de música y tantas las que Calderón dice acerca de ella, que varias veces tuve la tentación de arrinconar estas páginas y no darlas a la luz pública. Pero por otra parte me dolía tantas horas invertidas en este estudio, sin que a nadie aprovechasen. Así pues, decidí finalmente escribir esta monografía con la plena conciencia de que es una obra muy imperfecta. En mi propio juicio no es un libro con pretensiones musicológicas, sino simplemente la obra de un músico humanista o de un humanista músico, como el lector prefiera. En él lo que principalmente intento es demostrar la importancia que la música tiene para la persona misma de Calderón, como hice antes con La música en las obras de Cervantes *(Barcelona, 1948) y el* Cancionero Musical de Góngora *(Barcelona, 1975).*

Los grandes escritores del siglo de oro y del barroco eran humanistas integrales; y siendo la música una de las manifestaciones más espirituales y significativas del hombre humano, es lógico y natural que en sus escritos encontremos, además de interesantes noticias de orden histórico, vivencias psicológicas, estéticas y místicas de su propia alma. Versos como éstos:

> ¡Qué dulcemente suena
> en la memoria mía
> puesta en sonora música la pena!

solamente podía escribirlos quien como Calderón había experimentado el consuelo que al alma lleva el mensaje de la música. Y estos otros tan profundos:

> pues es en varios sucesos
> maestra de danzar la Historia
> para las mudanzas del tiempo,

7

solamente podían acudir a la pluma de un poeta que vive en un ambiente musical y que está familiarizado con el lenguaje del divino arte.

Para Calderón la Música es una voz extraterrenal, voz de Dios, del destino y de la conciencia. Una voz impersonal que a veces aconseja y otras amenaza. Una esencia íntima que se exterioriza a través de los ecos. Una fuerza que infunde valor al ánimo y atrae los afectos de irresistible manera, una voz que con su canto crea el mundo. Para Calderón el universo es un libro de solfa en el que cantan «los tiples de las centellas, los contraltos de los rayos, el tenor de los truenos y los contrabajos del incendio». Los cuatro elementos, tierra, aire, agua y fuego forman «un tono de a cuatro». El amor es también una composición musical a cuatro voces. Para Calderón las aves son clarines, los céfiros trompetas, los arroyos órganos y las perlas cítaras. Calderón vive inmerso en el mundo de la música, como podrá comprobar quien con buena voluntad este libro leyere. También verá el lector cómo la caja y la trompeta son dos fuerzas con las que Calderón pone en movimiento infinidad de escenas, cómo las chirimías levantan el ambiente de los momentos más solemnes, y cómo las cajas roncas y trompetas bastardas entristecen el aire de lutos y fúnebres exequias, mientras los ecos murmuran lejanos misterios. Oirá numerosos tonos con cuyo canto tantos personajes de sus dramas y comedias se consuelan de sus tristezas. Contemplará la alegría de las danzas y de los bailes tan frecuentes. Comprenderá con palabras de nuestro dramaturgo los varios poderes que la música sobre el hombre ejerce y concluirá que Calderón tenía extensos conocimientos musicales y una envidiable experiencia estética del mensaje ético que la música al hombre envía.

No quiero terminar estas líneas sin dar público testimonio de mi profundo agradecimiento al Excmo. Sr. D. Juan Antonio García Barquero, Director General de Música y Teatro y a su antecesor en el cargo, D. Manuel Camacho y de Ciria por sus reiteradas atenciones y decidida ayuda en patrocinar esta publicación, así como a mi querido amigo Hermann Bonnin, Director del Instituto del Teatro de la Diputación Provincial de Barcelona por el cariño con que acogió la idea de publicar esta monografía en el mencionado Instituto.

CAPITULO I

La Música en el Teatro de Calderón: 1. EN LOS DRAMAS. 2. EN LAS CO-
MEDIAS. 3. EN LOS AUTOS.

Calderón es sin duda el dramaturgo español que más importancia y más
cabida ha dado a la música en su teatro. Esta importancia y cabida se de-
ducen de la estadística resultante de la lectura de sus Obras Completas,
publicadas en tres volúmenes por los A. Valbuena en la editorial Aguilar
de Madrid. Como a lo largo de todo el libro citaré con frecuencia el volumen y página donde se encuentran los textos o versos aducidos, conviene
que el lector tenga presente desde ahora que me he servido de las siguientes ediciones: Vol. I, *Dramas,* 5.ª edición, 1966; vol. II, *Comedias,* 2.ª ed.,
1973; vol. III, *Autos Sacramentales,* 2.ª ed., 1967.

1. *La Música en los Dramas*

Examinados atentamente desde el ángulo de las intervenciones musicales que hay en los mismos, nos arrojan la siguiente estadística:

a) No hay Músicos ni música en el reparto de *De un castigo tres ven-
ganzas, El sitio de Breda, El purgatorio de San Patricio, Saber del mal y
del bien, Luis Pérez el Gallego, la devoción de la Cruz, A secreto agravio,
secreta venganza* y *Las tres justicias en una.*

b) No figura Música en el Reparto, pero sí en el desarrollo de la acción y en las acotaciones de *Judas Macabeo, La gran Cenobia, La cisma de
Ingalaterra, El Príncipe Constante, Amar después de la muerte, El mágico
prodigioso* y *El mayor encanto, amor.*

c) Hay Música en todos los restantes, o sea, que de 55 Dramas que constituyen el cuerpo del tomo I de las Obras Completas, hay 8 sin música y 47 con intervenciones musicales. De ellos merecen especial atención y forman un grupo relevante los calificados como «Dramas mitológicos». Estos son en verdad auténticas zarzuelas con muchos números de música. Entre ellas sobresalen *El golfo de las sirenas, El laurel de Apolo, La púrpura de la rosa, Celos aun del aire matan, La fiera el rayo y la piedra, El hijo del sol, Faetón, Ni Amor se libra de amor* y *La estatua de Prometeo*.[1]

2. En las Comedias

Aquí la música es menos importante que en los dramas en razón de su menor contenido lírico. Las comedias son 52 en la edición citada de Valbuena. De ellas hay 26 con intervenciones musicales, número de todas maneras nada desdeñable. Las comedias *El astrólogo fingido, Mejor está que estaba* y *El escondido y la tapada* en la cabecera de las Personas del Reparto llevan la palabra «Música», pero no he visto en el texto acotación alguna referente a las intervenciones de la música, ni vocal ni instrumental. En cambio hay otras seis en las que no consta la Música o Coros en el Reparto, pero traen intervenciones musicales en el decurso de la obra, tales son *De una causa dos efectos, Mañanas de abril y mayo, El ocaso y el error, La desdicha de la voz, El maestro de danzar* y *Afectos de odio y amor*.

Figuran con Música en el Reparto, aunque sólo tienen un número o dos de música, *Nadie fíe su secreto, Lances de amor y fortuna, La banda y la flor, De una causa dos efectos, Para vencer amor, quererle vencer, El alcalde de sí mismo, Gustos y disgustos, Manos blancas no ofenden* y *El secreto a voces*. Tienen tres o cuatro escenas musicales *Agradecer y no amar* y *Mujer llora y vencerás*. Con seis intervenciones musicales cada una, *Basta callar* y *Dicha y desdicha del nombre*. Hay muchos números e intervenciones musicales en *Afectos de odio y amor, La puente de Mandible, El Jardín de Falerina, Conde Lucanor, Auristela y Lisidante, El Castillo de Lindabridis* y *Hado y divisa de Leónido y Marfisa*.

3. En los Autos Sacramentales

De los 78 Autos que forman el volumen III de las Obras Completas, 69 llevan Música en el Reparto, los otros nueve en que el nombre de «Músicos» ha sido omitido en la cabecera, tienen igualmente tanta música como

---

1. Como es sabido, *Celos aun del aire matan* es una ópera en tres actos y *La púrpura de la rosa* debe considerarse como una ópera de cámara en un solo acto.

el resto. Por consiguiente no hay un solo auto sin música y Calderón no consentiría su representación sin la colaboración musical. También hay que tener en cuenta que de los 78 Autos hay 30 que van precedidos de su respectiva Loa. Esta observación es importante, porque la Loa, en relación con la sensible brevedad de su texto, es donde hay más música; y porque en los manuscritos musicales hay loas que no existen en las ediciones de Calderón. Estas loas pueden haber sido escritas por otros dramaturgos, pero algunas pueden ser perfectamente de Calderón, a pesar de no figurar en las ediciones literarias. Tal sucede con la *Loa de Primero y Segundo Isaac* que publico en mi obra *Teatro Musical de Calderón* (Barcelona, 1981) donde el lector podrá ver varios dramas, comedias y autos con música del período barroco.

En resumen, en los Autos la música cantada y bailada es tan abundante que se puede hablar de una «infraestructura musical de los Autos», como se verá más adelante.

CAPITULO II

1. La Música, mensaje extraterrenal. 2. Sus efectos psicológicos.
3. Estética musical de Calderón. 4. El Eco en la Música.

1. *La Música, mensaje extraterrenal*

Calderón confía a la música los conceptos más elevados que quiere se queden grabados en el espíritu de los espectadores. Esto es lo que hace siempre en todos los autos sacramentales y también, aunque en menor escala, en los dramas y comedias en que interviene la música. Pero aquí no voy a tratar este punto, que por otra parte no necesita argumentación y se puede comprobar con la simple lectura de sus obras, sino que reuniré una serie de aspectos de orden religioso, psicológico y estético con los que el lector se haga una idea de lo que es la música para el gran dramaturgo.

La música para Calderón es la voz de Dios y la voz del destino, la voz que da avisos, aliento sobrehumano que resuelve las dudas que atormentan al hombre y revelación o preludio de eventos sobrenaturales, de teofanías. Así nos lo da a entender este pasaje de las *Fortunas de Andrómeda y Perseo*, I, 1645. Perseo está atormentado, porque no sabe quién es él mismo y como su madre no se lo quiere decir, se dirige a Júpiter con estas palabras:

> Dime tú si habrá consuelo / tal vez a mi duda?

Júpiter, por medio de la música, desde dentro, le responde «Sí». Ha sido un simple monosílabo, pero ha sido la voz de Júpiter, de Dios, y ello le ha producido un efecto tal que no puede menos de decir:

> ¿Qué armonïosos acentos / oigo? ¿Si fue ilusión mía?

Y responde otra vez la música «No». Con estas dos palabras de Júpiter se ha creado en el ambiente una atmósfera celestial, lo que explica muy certeramente Perseo prosiguiendo:

> Pues que ya en süaves ecos / oigo las voces que suelen
> tener el aire suspenso / cuando alguna deidad pisa
> la tierra (porque su acento / métricamente sonoro
> suena más dulce que el nuestro) / con él he de hablar. Oh tú,
> deidad que escucho y no veo / Si eres mi oráculo, dime
> ¿quién soy?

> Mús. (dentro) -   Tú lo sabrás presto.
> Perseo - ¿Quién me lo ha de decir?
> Mús. -   Nadie
> Perseo - Pues ¿cómo puede ser eso
>   decirlo y nadie?
> Mús. -   Llegando...
> Perseo - Prosigue, que no te entiendo.
> Mús. - *a decirlo, sin decirlo*
>   *y a saberlo, sin saberlo.*

Con estos dos versos que son el estribillo de esta escena, Júpiter le dice que lo sabrá por mística experiencia. Esta se le dará en sueños, por mediación de Mercurio que le llevará más adelante a la gruta de Morfeo «donde entre confusas sombras / ha de ser su nacimiento», donde averiguará que Júpiter es su padre. Después de escuchar las palabras sobrenaturales que Júpiter le dijo hablando por la música, Perseo escucha las voces y gritos de «A la cumbre. Al puerto» y entonces se da cuenta de cuán diferente es el acento de las palabras terrenas del de las celestes y pierde el interés por aquéllas:

> ¿Qué distintas voces ya / de las que escuché primero
> responden?... ¿qué me importa todo eso?...

La Música es oráculo del Destino. En la jornada 3.ª de *Amado y aborrecido*, I, 1718-9, la Música dice cantando a Dante que para amainar la tempestad tiene que sacrificar a Irene o Aminta. Respóndele Dante:

> Voz que entre tormenta y calma
> oráculo eres tan nuevo
> que nunca se vio...
> Mús. - Una ha de ser de las dos
> la que elijas, por decreto
> de los hados destinados.

Si divina es la voz de la música en el paganismo, mucho más lo es en la civilización cristiana. Decía el Dr. Torras y Bages, obispo de Vich, que música y religión siempre van juntas: «La relación que existe entre la Música y la Religión no es externa, de forma, de motivos accidentales, sino de substancia y esencia, y por eso la Música y la Religión andarán eternamente unidas».[1]

Este pensamiento del Obispo de Vich tiene una perfecta realización en el teatro calderoniano. Veámoslo.

La Música responde en nombre de Dios y contesta a las dudas del hombre. Podría escribirse todo un capítulo sobre la respuesta musical SI y NO, que como sonoros latigazos aclaran las sombras y dudas de tantos pasajes. He aquí algunos:

En *La piel de Gedeón*, III, 527, éste habla con el Señor y le dice:

> GED. - ¿mi duda os ofende?
> MÚS. -   No.
> GED. - ¿Daisme esta licencia?
> MÚS. -   Sí.
> GED. - que os ofendo en ésto?
> MÚS. -   No.
> GED. - ¿Os dais por servido?
> MÚS. -   Sí.

En *La Virgen del Sagrario*, III, 579.

> ILD. - ¿Si contra el hereje oyó
>   nuestras peticiones?
> Voz (canta) -   Sí.
> ILD. - Y aun la piedra se estremece.
>   Cielos ¿és castigo?
> Voz -   No.

En *Las cadenas del demonio*, III, 666.

> S. BART. - ¿Podré en tu nombre, Señor,
>   entrar en esta lid?
> Voz (canta) - `   Sí.
> S. BART. - ¿Vencerá el demonio?
> Voz -   No.

En *La humildad coronada*, III, 395-6.

> VID. - ¿Si es ilusión vuestra?
> MÚS. -   No.
> VID. - ¿Si aviso es del cielo?

---

1. *La música educadora del sentiment*. Obras completas, vol. XVII (Barcelona, 1935-36).

MÚS. -   SÍ

VID. - ¿Y que a mí busca vuestro acento?

MÚS. -   SÍ

VID. - ¿Es soberbia creerlo?

MÚS. -   No.

Estas contestaciones o respuestas unas veces las hace una sola voz, otras todo el coro. En ambos casos son siempre de gran efecto.

La Gracia baja a la tierra para ayudar a los hombres, en virtud de una llamada musical que dimana del amor divino. Así lo dice formalmente en *La Hidalga del valle*, III, 123:

> *De una música llamada* / que acordadamente suena
> y guiada del Divino / Amor, que tras sí me lleva,
> he penetrado los aires / siempre a obedecer dispuesta.

En virtud de esta naturaleza, casi sobrenatural, que tiene la música, en el teatro de Calderón, la voz de Dios y sus palabras a través de los textos bíblicos, siempre son cantadas. Lo mismo hay que decir de los himnos litúrgicos, que Calderón traduce primorosamente a la lengua castellana, para ser cantados en su teatro. Quien conozca el Oficio Litúrgico encontrará con gran frecuencia en sus Autos, himnos, salmos, antífonas y cánticos que se cantan con la traducción de nuestro dramaturgo. Entre los numerosísimos ejemplos, citaré unos pocos como ilustración.

En la *Mística y Real Babilonia*, se cantan traducidos los salmos «Super flumina Babylonis», «In convertendo Dominus captivitatem Sion» y el cántico «Trium puerorum».

Innúmeras veces y en las más distintas ocasiones se cantan a lo largo de su traducción las palabras del *Gloria in excelsis Deo*, que Calderón traduce de estas tres maneras, de acuerdo con la necesidad de la rima del momento:

1.ª Gloria a Dios en las alturas / y paz al hombre en la tierra.

2.ª Gloria a Dios en el cielo / y paz al hombre en el suelo.

3.ª Con paz al hombre en la tierra / gloria a Dios en el empíreo.

Estas y otras cláusulas cantadas a modo de exclamaciones como «¡Ah del monte! ¡Ah de la selva!» o «Bienvenido sea» forman una especie de lugares comunes del teatro calderoniano, que las compañías conocerían de memoria, sin necesidad de ensayar la música.

Lo mismo sucede con el canto del *Tantum ergo* en muchos de sus autos. He aquí su traducción:

> A tan grande sacramento / adoremos rendidos
> Gloria al Padre sin aumento / Gloria también al Hijo
> y el antiguo documento / ceda al nuevo rito.

Preste la fe suplemento / a todos los sentidos,
y al Espíritu contento / y alabanza por los siglos.

Se canta, entre otros, al final de la Loa para *Psiquis y Cupido*, III, 366, al final de *El diablo mudo*, III, 962, *El sacro Parnaso*, III, 793, *El gran teatro del mundo*, III, 222, etc.

También el *Sacris solemnis* es cantado con su traducción en *El Cordero de Isaías*, III, 1742 y otros lugares.

En el siglo XVII estuvo muy en boga el cantar la «Salve en Romance», que consistía en glosar cada una de las advocaciones a la Virgen contenidas en dicha antífona y, a veces, se hacían rimar los versos castellanos con las palabras en latín. El drama *La Virgen del Sagrario* acaba con una salve de esta clase:

> CANTOR 1.º - *Salve Regina*
> TODOS - Precursora del sol, alba del día.
> CANTOR 2.º - *Mater misericordiæ*
> TODOS - Estrella de la mar, luz de la noche.
> CANTOR 3.º - *Vita dulcedo*
> TODOS - Gran puerta de David, puerta del cielo.
> CANTOR 4.º - *Spes nostra*
> TODOS - Cedro, lirio, clavel, ciprés y rosa.

Conozco varias salves de este tipo en los archivos de nuestras catedrales. He aquí el comienzo de otra Salve romance de Calderón que se canta en *La segunda esposa*, III, 435.

> MÚS. - Dios te salve Reina
> MATR. - Para vencer la discordia / de nuestros llantos prolijos,
> ven a ser de nuestros hijos
> MÚS. - Madre de misericordia.
> MATR. - Que templará tu amor muestra / de la muerte la amargura
> pues eres vida y dulzura
> MÚS. - Y eres esperanza nuestra. etc.

Otra glosa diferente puede verse en *El nuevo hospicio de pobres*, III, 1196. El Ave María es cantada en *El cubo de la Almudena*, III, 576; y en *A María el corazón*, III, 1150, nos ofrece una bella traducción del *Ave maris stella* que el Peregrino dice en dísticos castellanos, contestando los músicos en latín:

> PER. - Ave, estrella de la mar / Madre de Dios soberana.
> MÚS. - *Ave maris stella Dei mater alma.*
> PER. - Ave siempre virgen pura / feliz puerta de la gloria.
> MÚS. - *Atque semper virgo / felix celi porta. etc.*

En *El Sacro Parnaso*, III, 788-9, traduce todo el *Te Deum* contestando de trecho en trecho los músicos, a guisa de estribillo, con las palabras *Te Deum laudamus.*

En la Loa para *El Santo rey don Fernando*, parte 2.ª, se cantan en versión calderoniana todas las coplas de la secuencia del Corpus, contestando el coro 13 veces con las palabras «Lauda Sión». En esta misma obra se canta traducido el Magnificat. Todo un libro saldría reuniendo solamente los textos bíblicos y litúrgicos que Calderón confía a la música, pero creo que bastan los ejemplos aducidos.

2. *Efectos psicológicos de la Música*

Si la música es de una esencia enraizada en lo sobrenatural, no es de extrañar que tenga tantos poderes e influencia sobre el hombre. Veamos algunos de estos poderes llevados de la mano de Calderón.

La música convierte la ira en valor, según *La estatua de Prometeo*, I, 2074.

> Epimeteo - ¿Cuya será la dulce sonorosa / cláusula que se repite
> belicosa en lisonja del aire?

A esta pregunta contesta Palas «cantando recitativo»:

> ¿«Cuya ha de ser, sino de *quien inspira*
> *al valor,* puesta en *música la ira*»?

La música da también valor a los soldados, como lo explica Covarrubias en su Tesoro de la Lengua en la palabra «atambor» y Aurora en *Lances de amor y fortuna*, II, 169:

> Y éste no es temor, pues cuando / como tu dijiste, brame
> el bronce y el plomo gima, / sonando el clarín y el parche,
> no habrá temor que me venza / no habrá furia que me espante,
> asombro que me estremezca / ni muerte que me acobarde.

Y en *Darlo todo...*, I, 1029, haciéndose eco de antiguas historias, dice por boca de Chichón:

> En la batalla / suele Alejandro mandar
> a sus músicos cantar / para animarse.

Sutil es la observación de que las penas cantadas se convierten en alegrías (*Mística y Real Babilonia*, III, 1052).

... y verás como suena / llorando, la alegría
cantando, la tristeza / *puesta una vez en música la pena.*

Yo imagino que Calderón aliviaría sus penas, que todos las tenemos, escuchando música, haciéndola tocar a algún profesional de palacio, como lo hacían los reyes y princesas, y quién sabe si él mismo no tendría conocimientos de algún instrumento, porque los versos que a continuación pongo de *Amar y ser amado*, 1779-80, impresionan, si se tiene presente que escribió esta obra el mismo año de su muerte, siendo póstumo su estreno.

¡Qué bien suenan veloces / las lástimas del llanto,
si unísonas con cláusulas del canto / hurtándose las voces
a imitación del alba y de la aurora
canta la una lo que la otra llora!
¡Qué dulcemente suena / en la memoria mía
puesta en sonora música la pena,
puesta en fúnebre metro la alegría!
Prosiga, dulce esposa, la armonía
de la aflicción llorada; / prosiga, pues, cantada
también en consonancias la agonía.

Evidentemente estos versos son un eco del alma de Calderón, sintiendo cercana ya la muerte, y buscando algo de consuelo, además de en su fe, en el recuerdo de tantos y tantos cantos religiosos que resuenan incesantemente en sus autos.

Atracción de la música. Después de oír cantar a los músicos y a la Iglesia, exclama Amor: (*Loa de Psiquis y Cupido*, III, 343.)

Pero ¿qué acento sonoro / es imán de mis afectos?
GRACIA - ¿Qué métrica consonancia / suspende mis movimientos?

En *Auristela y Lisidante*, II, 2035, Arsidas tiene que interrumpir su discurso, a causa del poder absorbente de la música que oye:

... mas luego lo diré / que ese templado instrumento
es fuerza que tras sí lleva / mi atención.

En la *Egloga piscatoria*, I ,1730, Ulises grita a la oculta Caribdis:

Voz que llevas suspendidos / tras tus ecos mis sentidos.

En *El jardín de Falerina*, la Culpa cantando «A mi brindis, Sentidos, venid, volad, corred» se atrae a los cinco Sentidos y dicen éstos: «Qué Música y qué Hermosura!» El Hombre se esfuerza en resistir a la invitación de la Culpa, pero ésta insiste en su canto: «Prosiga el tropel de nuestra

19

Música», dice a los Sentidos ya avasallados. El Hombre, a pesar de las reflexiones de la Gracia, se siente atraído por el mágico canto de la Culpa y dice a aquélla:

En vano / me procuras detener,
que aquella Hermosura, aquella / sonora Música...
me arrastra tras mis Sentidos.

La Gracia insiste con nuevas reflexiones, pero ante la Música de la Culpa el Hombre manifiesta a la Gracia «que estos acentos me arrastran segunda vez». Prosiguen los esfuerzos de la Gracia y de la Culpa para hacerse suyo definitivamente al Hombre. La Gracia intenta hacerle comprender que en el vergel de Falerina el áspid se esconde entre las flores. A lo que replica la Culpa: «el encanto de mi voz le sabrá adormecer». Triunfante la Culpa, organiza el vistoso baile de los cinco Sentidos y de los cinco Vicios y logra que el Hombre beba el veneno de su copa, diciendo a los Sentidos:

repetid / mientras bebe aquel canto,
a quien ya otra vez di / fuerza de entorpecer los Sentidos.

Al beber, salta el áspid escondido en la copa y el Hombre se da cuenta de que ha sido engañado. «¡Ay de ti!» cantan los Sentidos, y el Hombre canta «¡Ay de mí!» Una vez más acude en su auxilio la Gracia y le dice que ha venido otro hombre que redimirá al Hombre. La Culpa, informada de la presencia de este otro hombre, intenta también atraerle con su canto, siguiendo el consejo de Lucero que le dice:

Pues antes que llegue, entona / tu mágica voz y sea
también prisionero tuyo.

Respóndele la Culpa: «Sí haré; Letra y Tono vuelvan». Aquí la Culpa vuelve a cantar el brindis que tanto éxito tuvo para con los Sentidos y el hombre, pero esta vez su canto ya no logrará sus habituales efectos, porque la presencia del nuevo hombre hace que su voz sea desentonada y como tartamuda, por lo que exclama: «Quién destempla el órgano de mi voz?... perdió el encanto la fuerza».

La fuerza del canto y la imposibilidad de resistirlo van también expresadas en estos versos que dice Crisanto en *Los dos amantes del cielo*, I, 1093:

¡Qué dulce voz! ¡Qué bien suena!
El alma arrebata el canto.

¿Quién de tan süave encanto
se libró?...
¿Que haya labios en la boca
y párpados en los ojos
para poder resistir
un hombre el hablar y el ver
y no se le pueda hacer
resistencias al oír?

La música cambia en un instante el estado de ánimo. Así, cuando en *La aurora en Copacabana*, I, 1337, los músicos acaban de cantar la seguidilla religiosa «El que pone en María / las esperanzas», exclama Yupanki:

¿Qué es esto? Tristes lamentos / de un instante en otro pasan
à ser dulces armonías / de sonoras voces blandas.

Quien canta sus males espanta. Este proverbio que tan corrientemente usamos, nació sin duda de los poderes que a los cantos mágicos se atribuyen en todas las culturas primitivas, como medio de ahuyentar tanto los males del cuerpo como del espíritu. Calderón alude directamente a ese refrán en *Auristela...*, II, 2055, cuando ésta dice «Quién canta mirad» y le responde Arnes:

El soldado ha sido / de posta que persuadido
que sus males espanta / si el adagio no mintió,
con este alivio pequeño / espanta cansancio y sueño.

La música vence al diablo y al áspid. En *La serpiente de metal*, III, 1531, Moisés y su hermana María acaban de componer un cántico y danza sagrada que son al mismo tiempo coreados y bailados por el pueblo judío. En oyéndolos, sale Belfegor diciendo:

Religiosos acentos
que con sonora métrica armonía
para darme a mí muerte, hieres los vientos...
¡Suspended de una y otra fantasía
el conjuro del canto!
IDOLATRÍA - Suspende de la música el encanto.

La fuerza que la música tiene sobre las serpientes, según una tradición constante en la Etnomusicología hace que la Mentira diga:

Como soy áspid, y al áspid / la música le atormenta,
así el cielo contra mí / se arma de músicas tiernas.
(*Llamados y escogidos*, III, 164)

21

La música despierta al hombre y al mundo del letárgico sueño en que de ordinario está sumido. Por ello el Mundo, después de oír cantar, dice:

> ¿Qué dulces, sonoras voces
> del sueño al Mundo despiertan?
> *(Ordenes Militares*, III, 1036)

Pero la música también tiene el poder contrario, el de adormecer, y así Falerina adormece a Rugiero que lucha por no ceder a sus encantos, y le convierte en estatua mediante el canto; ordenando a las ninfas:

> El tono que adormece / los sentidos, decir.

Las ninfas cantan a continuación «Ay mísero de ti» etc. y dice Rugiero:

> Un letargo, un delirio / los sentidos embarga.
> *(El jardín de F.*, II, 1908)

Con la música consiguen abrir las puertas del inexpugnable Castillo de Lindabridis (II, 2067-69 y 2079). Dos coros lo atacan azuzados por

> FLORISEO - Cantad siempre.
> ROSICLER - No dejéis de cantar.
> FLORISEO - Responded cantando siempre.

Y finalmente, después de cantar varios coros «Suena música y ábrese el castillo».

En *La inmunidad del Sagrario*, III, 1121, el Angel 2.º recomienda a la Culpa y la Gracia que «en sonoras voces blandas al cielo enternezcan».

Músicoterapia. En primer lugar tenemos el clásico ejemplo de David y Saúl descrito en *La primer flor del Carmelo*, III, 637, en estos versos:

> Mas ay de mí, que esta dulce / música que a mi oído suena,
> de mi cólera y mi rabia / los espíritus ahuyenta...
> ¡Cuanto el templado instrumento / en su mano, en la mía templa
> el furor! Pero ¿qué digo? / Si en él la música cesa,
> cesa la quietud en mí,...

En *La serpiente de metal*, III, 1550 el canto de las palabras «Misericordia, Señor», sana los diferentes males que aquejan a los afectos:

> AFECTO 1.º y 2.º - ¿Qué voces son las que alivian mi dolor?
> AF. 3.º y 4.º - ¿Qué acentos templan mi angustia?
> AF. 6.º - ¿Qué ecos son éstos que, si no sanan, consuelan?
> IDOLATRÍA - ¿De cuando acá a los que rabian las músicas recrean?

En *Manos blancas no ofenden*, II, 1087-8, Teodoro, viejo confidente del desengañado César, ve a éste muy triste, y sabiendo que César sólo se consuela con música, dice a las damas instrumentistas:

> Pues para aliviar su triste / pena en tanto que se viste,
> podéis cantar desde aquí / ya que experiencia tenemos
> que nada pasión tan fuerte / sino el canto le divierte.

Teodoro y las damas piensan qué tono le cantarán y llegan a la conclusión que, dada su pasión por el canto, cualquier tono le aliviará. Pero César prefiere vivir en su pena y no quiere cantar, porque sabe que si canta, la pena huirá. Ante tal postura de su Señor, Teodoro le dice extrañado:

> Pues ¿de cuando acá si el cielo / de tal gracia te ha dotado
> que a tus voces se han parado / los pájaros en su vuelo,
> la aborreces, siendo así / que sólo el canto solía
> templar tu melancolía?

En *La banda y la flor*, II, 446, Lísida recomienda a Celia que cante, que cante cualquier cosa, porque así curará el mal de amor y de los celos:

> LÍSIDA - Canta Celia y vencerás / un mal que a morir condena.
> ENRIQUE - Canta, por ver si los cielos / templan así su rigor.
> DUQUE - Cántame cosas de amor.
> LÍSIDA - Cántame cosas de celos.
> CLORI - Canta cosas de tristeza.
> ENRIQUE - Canta cosas de alegría
> CLORI - No calles, pues cantas bien.

Es así como cumplen con el refrán «quien canta sus males espanta».

3. *Estética musical de Calderón*

Calderón, en palabras de Crisanto, en *Los dos amantes del cielo*, I, 1094, nos da un concepto de la música que abarca el mundo sonoro físico y el ideal, el canto de la boca y el canto interior del corazón:

> No es música solamente / la de la voz que en tonada
> se escucha: música es / cuanto hace consonancias.

En *La inmunidad del Sagrado*, III, 116, se hace eco de la antigua teoría de la Harmonia mundi. Después que el Angel y los músicos cantan ¡Ah del mundo! dice el Hombre: «Cómo blandos ecos oigo?» y le aclara el Angel:

Que está en Música no dudes / puesta su fábrica, y cuando
su todo habla, es bien ajuste / a natural armonía.

Que la música suena mejor a un poco de distancia es un hecho, y como
tal lo reconoce Amón (*Los cabellos de Absalón*, 1839) con estas palabras:

> Ea, pues, cantar vosotros / y porque vuestros acentos
> suenan de lejos más dulces / cantad desde otro aposento.
> JONADAB - Sí, que música y pintura / parecen mejor desde lejos.

De parecida manera, aunque en tono cómico, dice Gila: (*El postrer duelo*,
I, 1298)

> No lleguemos / que música y cochilladas
> suenan mejor a lo lejos.

En darlo todo, I, 1029, nos habla de la interrelación de las artes. Dice
Apeles:

> Oye, que la simpatía / tras sí arrastrarme procura
> que tienen con la pintura / la música y poesía.

Calderón manifiesta que la música con el complemento de la noche y un
jardín es una combinación perfecta: Habla Anajarte en *La fiera, el rayo
y la piedra*, I, 1620.

> Letra y tono repetid / que hacen lindo maridaje
> noche, música y jardín.

En *Viático Cordero*, III, 1158 afirma que «la música es la cosa que más
deleita» y que el cuerpo es un instrumento vivo y muy bien afinado que
«interiormente está haciendo / al alma armonía sin ruido».

La música penetra el sentido de todas las cosas, incluido el interior del
hombre. Cuando en *Darlo todo*, loc. cit. cantan la tristeza y soledad de la
que vive en tierras extranjeras, dice Chichón:

> No conforman tono y letra / mal a su estado, pues son
> de Cenobia la prisión.
> APELES - ¿Qué sentido no penetra la música?

Y en una escena de *Mujer llora y vencerás*, II, 1434, Inés se encara con
la música y le dice: «siempre, música, has de ser / para mí fatal proverbio?» Le recrimina que está cantando un determinado tono, como si estu-
viera viendo el interior de su alma.

En la poesía tradicional y clásica es un lugar común hablar del son de un arroyuelo, del cantar de la fuente y otras expresiones análogas a la unión del elemento sonoro y del líquido, pero sólo Calderón desentraña el fondo de tal asociación, cuando nos dice por boca de Argenis: «Música y agua son dos sujetos alegres» (*Argenis y Poliarco*, II, 1952).

El investigador musical no puede descuidar la lectura de una determinada obra por el hecho de que no hayan intervenciones musicales en la misma, pues aunque no se cante ni se toque, puede haber algún detalle referente a la música y no carente de interés. Tal sucede en *También hay duelo en las damas*, donde al principio de la comedia encontramos una original comparación del amor con una composición musical a cuatro voces. Isabel, la criada, encuentra que las cartas de amor todas dicen lo mismo y son iguales. A lo que replica Violante:

Necia eres. / Pues ¿no sabes que el idioma
de amor tan corto es, tan breve, / que a cuatro voces no más
se reduce? Porque tiene / cosas de música amor.

Continuando en la misma idea de que el amor, aunque diga siempre las mismas palabras, siempre deleita, le dice que un instrumento bien afinado, no deja de sonar armonioso, por el hecho de que no hagan variaciones cada vez que le tocan. En este lugar Calderón alude a las composiciones musicales llamadas fantasías y a las diferencias o variaciones que los músicos hacían sobre las mismas. Todo el discurso de Violante es la demostración de la belleza que hay en el cantar uniforme del ruiseñor, en el compás libre de las hojas al viento y del sonoro correr del arroyo. Pongo solamente algunos versos:

¿Deja un templado instrumento, / como armonioso suene,
de sonar armonioso / porque no le diferencien
cada vez las fantasías?...
El cristal cuya corriente / hizo trastes de esmeralda
aquella guija, aquel césped, / ¿deja de correr sonoro
porque continuado lleve / un mismo acento?

Esta consideración de las bellezas músico-naturales nos lleva de la mano a tratar del lenguaje musical trasladado al mundo de la Naturaleza.

Calderón, como Góngora, vive inmerso constantemente en un mundo musical ideal y con frecuencia traslada a la Naturaleza el lenguaje y las imágenes del mundo musical. En la Loa al *Jardín de Falerina* nos dice que la Tierra, con sus montes, valles, ciudades y desiertos forma «un pautado libro» donde está todo en solfa. En el canto del Aire dice:

> *Clarín*, céfiro en el aire / *pífano* en el aura el eco,
> *trompa* el ábrego en el muro / *caja* en la campaña el cierzo.

Por su parte el Agua canta:

> Los *violines* de los mares / de las fuentes los *salterios*,
> las *cítaras* de los ríos / y *arpas* de los arroyuelos.

El Fuego, más impetuoso que los otros elementos canta con

> Los contraltos de los rayos / que al tenor de los truenos
> entre tiples de centellas / contrabajos del incendio...

Los cuatro elementos juntos forman un «cuatro»:

> Como somos un tono de a cuatro
> los cuatro elementos,
> que unítono siempre en el punto de amigos
> no nos desune la fuga de opuestos.

No menos expresivo y lleno de imágenes es el siguiente pasaje de *Apolo y Climene*, I, 1833:

> La solfa de las aves / con plumas de sus alas,
> en láminas de viento / escribe lo que cantan.
> Sus conceptos las fuentes / sonoras acompañan,
> dando liras de vidrio / trastes y cuerdas de ámbar.

Como Góngora, Calderón llama a las aves Cítaras de pluma:

> ¿Para qué aves engendró / que en cláusulas lisonjeras
> cítaras de pluma son / si el oído no ha de oírles?
> (*El gran teatro del M.* III, 211-12)

En *El nuevo Palacio del Retiro*, III, 148, llama a los «templados clarines, dulces pájaros de acero». Y en *La viña del Señor*, III, 1491, dice:

> clarines sean sus aves / los céfiros trompetas
> órganos los arroyos / y cítaras sus perlas.

Muchos otros ejemplos podría aducir, pero baste como final éste en el que nos dice que las fuentes hacen el contrapunto a las aves según explica Diana en *El acaso y el error*, II, 722:

> ¿Qué importa que los vientos
> en sutil consonancia,

armonía y fragancia
confundan, siendo armas e instrumentos
el concepto sonoro
en cuerdas de ámbar sobre trastes de oro?
¿Qué importan que las fuentes
rían llorando perlas
que en cláusulas y acentos diferentes
el compás lleven graves
al métrico discante de las aves?

A estos apuntes de estética calderoniana debe añadirse una serie de acotaciones referentes a la expresión musical por el tenor de las siguientes:

«Tocan dentro una caja... con música triste» (*La devoción de la Misa*, III, 246).
«Salen los Elementos cantando tristemente» (*La cura y la enfermedad*, III, 1560).
«Canta dentro una voz triste de mujer» (*El sacro Parnaso*, III, 786).
«En estilo recitativo, llorando». «Dentro cantando en tono triste, con cadencias de llanto». «Canta en tono alto y alegre dentro, al otro lado». Las tres acotaciones pertenecen a *El cordero de Isaías*, III, 1753. «Cantan sin instrumentos a compás del golpe de azadas» (*Duelos de amor y lealtad*, I, 1471). «Cantan dentro y el estribillo será un ruido de martillos, como de fragua». (Loa para *El pintor de su deshonra*, III, 823.)

4. *El Eco*

El eco en el teatro español se venía practicando ya desde la segunda sica como en la poesía, y muy particularmente en el teatro de Calderón. Para éste el eco no es solamente la respuesta o repetición física, apocopada, de un canto o de una palabra, sino también la resonancia externa de algo esencial interno y a veces incógnito en sí mismo, pero que se revela por el eco.

El eco en el teatro espaèol se venía practicando ya desde la segunda mitad del siglo XVI. En el llamado *Coloquio de Moisés*, representado en Sevilla en 1587 en homenaje a don Rodrigo de Castro, Arzobispo de dicha ciudad, encontramos este diálogo que podría firmar el propio Calderón:

```
PALACIO - ¿Quién fue tan fuera de sí
          que el palacio huyó?
ECO -                         Yo.
PALACIO - Quien tan grande bien perdió
          ¿también se ha perdido a sí?
ECO -                              Sí.
```

RUSTICIDAD - ¿Y en la corte se ganó?
ECO -   No.
RUSTICIDAD - Si dices que en alto asiento
                       hay contentamiento...
ECO -   Miento.
PALACIO - Pues ¿cuál vida es para vos
                 mejor de las dos?
ECO -   Las dos.

La importancia y práctica del eco fue tan generalizada que en las «Fiestas del Santíssimo Sacramento». Madrid, 1644, se escribió y representó una *Loa Sacramental del Eco* que el lector puede ver en E. Cotarelo y Mori, *Colección de Entremeses, Loas...* (Madrid, 1911), pág. 462 y otra, menos importante en la pág. 406.

«Así pues, el eco es una demostración de acrobacia intelectual, lo que no impide que se revista también de un sentido profundo». L. E. Roux, *Le théâtre dans les collèges des Jesuites en Espagne* (En Dramaturgie et Societé, vol. II p. 509).

En primer lugar una felicísima y gráfica explicación del eco de instrumentos:

Asaltada por los ecos / que por todo este confín
de poco espacio a esta parte / oír se dejan sin oír,
sonando en tierra y en mar / sólo aquel ruido sutil
que da *escaseada la caja* / que da *sisado el clarín*.

En los versos precedentes de *Conde Lucanor*, II 1995, es de notar que Irifela, que es quien habla, se siente «asaltada por los ecos» como si fueran seres vivientes. En *La gran Cenobia*, I, 73:

Mas ya en ecos graves / publican dulces fines
los sonores clarines / las trompetas süaves
cuyo compás con bajas / voces repiten las templadas cajas».

En la *Egloga piscatoria*, I, 1730, Ulises es atraído por los ecos de Caribdis:

Voz que llevas suspendidos / tras tus ecos mis sentidos

A la voz del eco despierta la gente sumida en la quietud:

Ya que a mi voz y a la voz / del eco que la acompaña
despierta la gente queda (*La estatua de Prometeo*, I, 2080)

El Coro de la Fe con el eco de sus cantos atrae el entendimiento del hombre:

Y así, oh coro de la fe / que, atraído de los ecos
cuyas consonancias son / boreal imán de mi afecto
tras ti me llevas... (Loa de *El maestrazgo del Toisón*, III, 890)

Los ecos de la armonía, aun siendo ininteligibles, impulsan el pensamiento a los deseos de conocer a Dios: Dice el Pensamiento (*A Dios por razón de Estado*, III, 850).

Los dulces acentos / de una mística armonía
(que en repetidos ecos / sonoro enigma del aire
cuyo sentido no entiendo) / me arrebatan a saber
qué quieren decir diciendo / Gran Dios que ignoramos etc.

Una profundidad metafísica trasciende de estos versos de *El Divino Orfeo*, III, 1843, cuando Envidia y Música dicen:

Verás como Eco repetir rehúsa
que la Naturaleza de todo triumfa.

Calderón da mucha importancia a saber si lo que escucha es una voz directa o es un eco, puesto que el significado puede ser diferente. Y así en *Leónido y Marfisa*, II, 2104, exclama Leónido:

¡Qué es esto cielos! ¿De cuándo / acá el eco ha respondido
tan sin sisar los acentos / que vuelve más que le dimos?
POLIDORO - No sólo la admiración / es oírlos, sino oírlos
tan sonoros, cuando suenan / en tan cóncavos vacíos.
LEÓNIDO - Vuelve a oír, por si fue eco / o fue otra voz la que dijo...

En *El año Santo de Roma*, III, 498, hay una larga escena cantada en eco que es un milagro de ingenio sutil, por lo que, aun a riesgo de ser reiterativo la pondré, porque, repito, el eco es algo que pertenece a la substancia del barroco musical y del teatro de Calderón y creo que es un elemento no estudiado, estéticamente hablando.

Llegad, llegad a la mesa legal
de aquel sazonado Cordero Pascual
SEG. - ¿Cuál?
CAST. -   ¿Cuál?
HOM. -   ¿Cuál?
CULTO - Oíd, que en los cóncavos huecos
responde el eco veloz.
AMOR - Atended, por si en su voz
algo nos dicen los ecos...
Pues vuelve a empezar cantando.
TEMOR - Vaya un sentido guardando
cada uno para sí, para juntarlos.

(Cantan Perdón y Obediencia)

           Llegad, llegad a la Mesa legal
           de aquel sazonado Cordero Pascual

SEG. - ¿Cuál?

CAST. -   ¿Cuál?

HOM. -   ¿Cuál?

PER. y OBED. - Que dulce y sabroso espera
           a que les guste y coma quienquiera.

SEG. - Quiera

CAST. -   Quiera

ALB. -   Quiera

PER. y OBED. - Llega, más con desengaño
           de que hace provecho y puede hacer daño

SEG. - Año

CAST. -   Año

AMOR -   Año

PER. y OBED. - Porque este manjar que ves
           fue antes león y cordero después.

SEG. - Es

CAST. -   Es

TEMOR -   Es

PER. y OBED. - Llega, que en misterio tanto,
           tres veces Señor y tres veces Santo

SEG. - Santo

CAST. -   Santo

CULTO -   Santo

PER. y OBED. - En un himno lo declara
           el ángel y en él bien se repara.

SEG. - Para

CAST. -   Para

HOMBRE -   Para

PER. y OBED. - Castigo y premio se ven
           porque es Pan de Vida y de muerte también

SEG. - Bien

CAST. -   Bien

ALB. -   Bien

PER. y OBED. - En gracia le has de comer
           porque te llegues a satisfacer

SEG. - Hacer

CAST. -   Hacer

AMOR -   Hacer

PER. y OBED. - Creyendo que en él estén
           el premio y castigo de obrar mal y bien

SEG. - Y bien

CAST. -   Y bien

TEMOR -   Y bien

TODOS - Llega pues, llega al altar
           si el bien que has perdido pretendes recobrar

SEG. - Obrar

CAST. -   Obrar

CULTO -   Obrar

AMOR - Volvamos ahora a juntar				
la voz a ver qué declara.				
HOM. - Cuál				
CAST. -	Quiera			
AMOR -		Año		
TEMOR -			Es	
CULTO -				Santo
HOM. -					Para
ALB. - Bien				
AMOR -	Hacer			
TEMOR -		Y bien		
CULTO -			Obrar.	

Como puede verse, con todos los ecos reunidos ha formado la sentencia «Cualquiera año es Santo para / bien hacer y bien obrar».

El eco juega un papel importante en la polifonía litúrgica del XVII en toda clase de textos, pero se usó muy particularmente en el canto de la Salve Regina, que a veces lleva el título de «Salve de Ecos». En *El cubo de la Almudena*, III, 576, Calderón hace cantar en eco toda el Ave María. De la polifonía profana tenemos un bello ejemplo en las «Seguidillas en eco» de autor anónimo en el folio 8 del Cancionero de Munich o *Cancionero Poético-musical del Siglo XVII de Claudio de la Sabonara*, publicado por J. Aroca (Madrid, 1918) y en el coro final de *Eco y Narciso*. Cf. M. Querol, *El Teatro Musical de Calderón* (Barcelona, 1981).

CAPITULO III

1. El poder de la Música: Loa para El jardín de Falerina. 2. El poder del canto: El Divino Orfeo.

1. *Exaltación del poder de la Música: Loa para el Jardín de Falerina*

Calderón que siempre sintió y utilizó la música como el medio más eficiente para encarnar los más abstrusos conceptos teológicos y morales, así como las más exageradas pasiones de los dioses y de los hombres, al final de su vida, bien maduro y con 75 años a sus espaldas, esculpe un monumento perenne en honor de la música. Este monumento es la «Loa para el auto sacramental intitulado *El Jardín de Falerina*». Consiste en un desafío entre el Ingenio Humano y la Música con la victoria de ésta sobre el Ingenio. En primer lugar hay que notar la agudeza de Calderón. No opone la Música a la Razón, a la inteligencia o a la Mente, sino al Ingenio, facultad inquieta que participa de todas las facultades intelectivas, que cavila e investiga, que quiere arreglar todo lo que está mal con su ingenio, pero que no consigue arreglarse a sí mismo.

Empieza la Loa con esta acotación: «Sale el Ingenio huyendo precipitadamente y la Música deteniéndole», le dice:

> Humano ingenio del hombre,
> ¿dónde ambicioso y soberbio
> tan desvanecido vas?

Le responde el Ingenio que va arrastrado por una duda que padece y le priva de todo descanso. La Música le dice que precisamente para esto le detiene, para distraerlo. El Ingenio responde a la Música que es vano su intento. Esta, segura de su poder, se siente algo picada y le dice a su vez:

> ¿Cuándo la Música no / fue el imán de los afectos?
> Ing. - Cuando superiores causas los arrastran.

Esta respuesta no convence a la Música que no admite hayan causas que tengan más fuerza que ella, y diciendo al Ingenio: «Yo he de verlo», empieza a cantar estos versos:

> Sonoros aplausos míos / que siempre en templados ecos
> respondéis a los primeros / de mis músicos preceptos,
> *tened, parad, suspended al Ingenio*
> *humilde no caiga, cuando corre soberbio.*

Dice ING. - Por más que tus armonías / halaguen mis sentimientos,
suelta, Música, que ya / dije que es vano tu intento.

Insiste Mús. - *Tened, parad* etc.

Repite el CORO - *Tened, parad* etc.

Dice ING. - Vuelvo a decir otra vez / que mal tus dulces acentos
bella Música, podrán / pararme; que es el empeño
tal de mi imaginación / que no es posible que atento,
a su agrado mi discurso / halle afecto y más, si atiendo.

Coro y Música insisten, *Tened, parad*, etc.

El Ingenio recalcitrante dice que si la armonía aumenta el contento de los alegres, también aumenta la tristeza de los tristes como él. Entonces la Música, viendo que atacando de frente, no conseguirá nada, da un nuevo giro a su táctica y responde que ella, la Música, le vencerá, no con el canto, sino con la razón:

> Como el divino dictamen / de la Música alimento
> tal del alma es, se convierten / fácilmente sus afectos
> en el humor que domina; / pero no es del caso esto;
> la Filosofía saldrá / cuando importe el argumento.
> Y así, vuelve a tus tristezas / que puesto que no las venzo
> con el canto, podrá ser / (ya que tuyas las siento)
> las venza con la razón.

La misma idea es desarrollada por Calderón en *La Sibila de Oriente*, I, 1178, cuando Sabá habla a Salomón con estos versos:

> ¿Músicas no te alegran mis cantares
> aunque tan dulces son los que has compuesto
> a mis amores hoy? Pues tus pesares
> no se divierten, gran señor, con esto,
> hoy quiero que una duda me aclares:
> así divertirás tu mal, supuesto
> *que no hay cantar más dulce y más süave*
> *que hablar en ciencias al que ciencias sabe.*

El Ingenio que participa de la creencia vulgar de que la Música es puro pasatiempo y diversión, al oír que espera vencerla con la razón exclama irónicamente:

> ¿Con la razón? Eso es bueno / pues tú, Música, has tenido
> a la razón por objeto / alguna vez? Porque yo
> la diversión solo creo / que ha sido el objeto tuyo,
> como sentido del cuerpo / solo halagando el oído,
> pero no al entendimiento / como potencia del alma.

La Música ofendida del bajo concepto en que la tiene, le dice:

> Tanto de oírte me ofendo / que me persuado a que eres
> la Ignorancia y no el Ingenio. / (Y dejando aparte que
> el oído que es mi centro / es solo el capaz sentido
> del mayor de los misterios)

En los versos en paréntesis alude Calderón a una idea que desarrolla también en otros pasajes de otros autos. Es la «fides ex auditu». La Revelación y el mayor de los misterios, la presencia de Dios en la Eucaristía es cuestión de fe, y en las cosas de la fe el oído es el único sentido que interviene y participa. De aquí que Calderón otorga siempre al oído la supremacía entre los sentidos. Pero, dejando este aspecto sobrenatural de la «fides ex auditu», la Música quiere convencer al Ingenio con argumentos de este mundo, argumentos sacados de la misma Naturaleza, dentro de la cual nos movemos. Calderón no va a tratar aquí de la música de las esferas, a la que de paso alude, sino de la música más sensible y concreta de nuestro propio planeta. La alusión a la música universal va en estos versos:

> ¿Hay cosa en toda la grande / fábrica del Universo
> que debajo de compás / proporción, número y metro
> en Música no esté? Hable / la armonía de los cielos
> siempre en consonancias; y si ella / no es tratable al uso nuestro
> hable por más familiar / la de los cuatro elementos.

De manera que si la armonía de las esferas celestes está demasiado alta para nuestro uso, tenemos a disposición la gran sinfonía que nos ofrecen los cuatro elementos tradicionales de nuestro planeta: tierra, aire, agua y fuego. Hay que descubrirse ante la lozanía de la imaginación calderoniana a sus 75 años. Escuchemos el concierto de los cuatro elementos:

Primer tiempo, la Tierra.

Todas las cosas terrestres forman un libro de música en cuyos pentagramas se reúnen, formando la armonía terrestre

> Canta la TIERRA - Lo humilde de los vallados / de los montes lo soberbio,
> lo culto de las ciudades / lo inculto de los desiertos,
> *un pautado Libro / son de Solfa,* puesto

que vienen a dar / en un punto mesmo
para la armonía / de mi verde centro.
ELLA y CORO - Vallados, ciudades, montes, desiertos.
que vienen a dar / en un punto mesmo.

Segundo tiempo, el Aire.

La Música ruega al aire que hable también al Ingenio, cantando, y le demuestra que todo cuanto vibra en el aire, a pesar de su vaguedad, también se une, formando armonía.

Canta el AIRE - *Clarín,* céfiro en el Aire / *pífano* el aura en el eco,
trompa el ábrego en el muro / *caja* en la campaña el cierzo;
música y batalla / son del Aire, puesto
que vienen a dar / en un punto mesmo
para la armonía / de su vago imperio.
ELLA y CORO - Céfiros y auras / ábregos y cierzos.

Tercer tiempo, el Agua.

La Música invita a cantar al Agua y el Ingenio ya empieza a prestar atención

Sale el AGUA (cantando) - Los *violines* de los mares / de las fuentes los *salterios*
las *cítaras* de los ríos / y *arpas* de los arroyuelos,
todas son del Agua / cláusulas, supuesto
que vienen a dar / en un punto mesmo
para la armonía / de mimados senos.
ELLA y CORO - Piélagos y ríos / fuentes y arroyuelos.

Cuarto tiempo, el Fuego

La Música ya no tiene necesidad de llamar la atención al Ingenio. Es éste quien, después de haber escuchado la música de la Tierra, Aire y Agua, se pregunta: «mas ¿cómo es música el Fuego»?

Sale el FUEGO (cantando) - Los contraltos de los rayos / que al temor son de los truenos
entre tiples de centellas / contrabajos del incendio,
consonantes iras / son del Fuego, puesto
que vienen a dar / en un punto mesmo
para concordancia / de sus ardimientos.
ELLA y CORO - Los truenos y rayos / las nubes e incendios.

Dado que el Fuego canta en los contraltos de los rayos, en los tiples de centellas y en los contrabajos del incendio, creo que el segundo verso de-

36

bería leerse *Tenor* en vez de *temor*, puesto que así se completan las cuatro voces que los cuatro elementos cantarán juntos luego. El Ingenio admite que cada elemento ha probado su intento, es decir, que las actividades de cada elemento concurren en una armonía, pero se pregunta cómo elementos tan dispares puedan consonar juntos. A esta pregunta responden los cuatro:

> Como somos un tono de a cuatro
> los cuatro Elementos,
> que unitono siempre en el punto de amigos,
> no nos desune la fuga de opuestos.

El Ingenio dice que entiende muy bien esta filosofía y metáfora, pero de nada le sirve, pues «¿qué sacan della mis dudas?», dice. Llegados a este punto, la Música dice al Ingenio:

> Sepa cuáles son (estas dudas) y luego,
> si en música no te diere salida, cúlpame.

Entonces el Ingenio le explica que sus dudas van desde donde el evangelista San Juan escribe: «En el Principio era el Verbo» hasta la Institución de la Eucaristía. Afirma que él cree, pero su duda está en que David diga: «que está mi alma en mi mano» (o sea, en mis obras) cuando el mérito de creer corresponde al Entendimiento. La Música, utilizando simbólicamente la «mano»[1] musical, dice al Ingenio: «Está en mi mano mi música», pues es cierto

> que sus claves y sus puntos / se explican en sus artejos,
> siendo el aprender la mano / su principal rudimento
> y vamos a los misterios / que en Música he de explicarte.

Hay que buscar un juez. El Ingenio propone sean jueces el Entendimiento, la Memoria y la Voluntad. La Música conjura a los cuatro Elementos que le den un instrumento tan bien templado que los comprenda todos. Le entregan un Arpa que tiene una cruz en su primer bastón. La Música ofrece el instrumento a la Voluntad. Esta dice que no sabe tocarlo. Lo ofrece luego a la Memoria y al Entendimiento, los cuales manifiestan que tampoco lo saben tocar. Entonces les dice la Música que de nada sirve tener el instrumento, si no lo pueden tocar. Y les da su solución:

> para que acordada / la música dé su efecto
> es menester que concurran / Tres iguales cosas, siendo

---

1. Véase el capítulo XII, *Los conocimientos de Calderón*.

37

> Tres en el nombre distintas / y una en la Esencia, supuesto
> que para que la perfecta / consonancia llegue a serlo
> necesario es que se aúnen / Arte, Mano e Instrumento...
> tu alma está en tu mano, uniendo / el creer con el obrar,
> porque en músico concepto / suele destemplarse obrando
> lo que se templa creyendo.

Con estas sutiles explicaciones la Música le ha explicado al Ingenio la teoría de la gracia sobrenatural por la que el alma ejecuta las buenas obras. En síntesis, la Música a las innumerables tríadas del Universo consideradas por los místicos cristianos como símbolos de la Trinidad, añade un nuevo símbolo musical: «Arte, Mano e Instrumento». El Padre pone el arte, el Espíritu Santo la mano y el Hijo el instrumento. Sólo con la ayuda de Dios Trino puede el hombre creer y hacer buenas obras. Entre los grandes escritores místicos de la época patrística era corriente considerar el arpa, o la piel extendida del tambor, como símbolo de Cristo en la cruz.

Como el Ingenio, sobre todo en el siglo XVII, es conceptista, la Música, para vencerlo, dejando de un lado las prerrogativas de sensibilidad auditiva, se ha elevado al mundo de la alegoría y de los símbolos más abstractos de la razón y es así como

> El Ingenio por vencido se da / Música, a tu ingenio.

Este queda tan satisfecho, que promete escribir un auto fundado en alegorías musicales que se llamará *El Jardín de Falerina*.
En realidad, la fábula a que alude no es otra que la de Orfeo. Y no es en el auto titulado *El Jardín de Falerina* donde desarrolla la fábula musical alegorizada, sino en *El Divino Orfeo*. La Loa termina con una transposición más del mundo de la música al mundo de los conceptos teológicos:

> subiendo el Hombre a ser Dios / bajando a ser Hombre el Verbo
> en músico estilo / explicando el concepto,
> vinieron a dar / en un punto mesmo
> el Alto bajando / y el Bajo subiendo.

Ya antes Lope de Vega en su Libro IV de *Los Pastores de Belén* escribe una larga poesía de 63 versos fundada toda ella en el nombre de las notas musicales y de las voces cantantes. Los versos de Calderón parecen recordarla. Una de las estrofas de Lope dice así:

> Cantando el Verbo divino, / un alto tan soberano,
> como de Dios voz y mano / a ser con trabajo vino,
> bajando hasta el punto humano... etc.

2. *Exaltación del poder del canto: El Divino Orfeo*

Calderón nos dejó dos Orfeos. El primero, de fecha imprecisa, pero al parecer, obra de juventud, y el segundo datado en 1663 en plena madurez. Ambos tratan del mismo argumento, el conocido mito de Orfeo vuelto «a lo divino». Ambas versiones son de una belleza extraordinaria y acreditan la potencia creadora del gran dramaturgo. El primero tiene más concomitancias con el Orfeo tradicional y clásico del Renacimiento. El segundo es más original y más barroco. Pero para mi finalidad es más útil el primero. Del segundo basta recordar estas palabras de la segunda acotación: «Adviértase que cuanto represente (Orfeo) ha de ser cantado en estilo recitativo».

El Divino Orfeo es la exaltación calderoniana del poder de la música, más concretamente del canto. Orfeo, cantando, crea el cielo y la tierra y todo lo que en ellos existe, siguiendo el relato del Génesis:

> Pues mi voz en el principio / el cielo y la tierra cría,
> después del cielo y la tierra / hágase la luz del día.

Aristeo que simboliza el Demonio, admirado, más que por las cosas creadas, por la voz misma que tiene tal fuerza creadora, dice:

> Pues, ¿qué voz es ésta / que grandes maravillas manifiesta?

Entonces sale «Orfeo de pastor galán con un instrumento, cantando «Pues mi voz en el principio» ...etc. Al canto de Orfeo, Eurídice, que simboliza o encarna la naturaleza humana, insta a sus potencias a dar gracias, cantando al Divino Orfeo creador:

> Amor, Gracia y Albedrío / pues que sois mi compañía,
> responded también, cantando / dadle gracias infinitas...

El Albedrío, lleno de soberbia dice que si él canta conseguirá los mismos efectos que Orfeo:

> Si yo canto, yo aseguro / que a mi dulce melodía
> se muevan aves y frutos / peñascos y fuentes frías
> como a la voz del esposo.

Extrañadísima dice Eurídice al Albedrío: ¿Es posible que eso digas? A lo que responde Albedrío: «Sí, mas moverase huyendo». O sea que el Albedrío reconoce que si él canta todas las cosas se moverán también, pero huyendo de él, mientras que la voz de Orfeo las atrae.

A continuación Eurídice, haciéndose eco de tantos y tantos escritores místicos que contemplan la creación como un libro escrito por Dios, donde cada letra es una cosa, y haciéndose eco de las filosofías que consideran que la esencia del mundo está cifrada en números musicales, dice a Orfeo:

Músico has sido excelente, / canto es tu voz que publica
tu amor, y así en los cantares / lo entenderás cuando diga
San Clemente Alexandrino, / viendo que entiendes la cifra
de la música del orbe, / que eres maestro de capilla.
Las letras que tú compones / de variedades distintas
son cielo y tierra; las dos / son soberana poesía...
la eterna sabiduría / lo entiende así cuando dice
que con número y medida / todo fue criado como
Crisóstomo nos lo explica. / El instrumento templado
eres tú y su melodía / se ha de aplicar Agustino,
cuando sobre un Rey salmista / con Ambrosio y Genebrardo
te llaman Salterio y Cítara... / Llámante Divino Orfeo
porque Orfeo significa / orador y tú lo eres
tanto que atraes y cautivas / a tu oración cuanto quieres.
Luego Pastor y Poeta / Músico, Orador y Lira
eres, en grande misterio / de todos ellos la enigma.

Después de este elogio que Eurídice hace de su esposo Orfeo, Aristeo, disfrazado también de pastor, como nada puede contra Orfeo directamente, intenta descarriar a Eurídice: «la esposa es mi cuidado / del músico de gracia enamorado».

El diablo que se las sabe todas, considerando que Eurídice representa la naturaleza humana y que lo principal de ella es el Albedrío, va dando vueltas, a ver cómo puede hacer caer a éste. Pero Albedrío le dice que sirve a Eurídice y que ésta es «mujer del Divino Orfeo, grande músico». No se da por entendido Aristeo y procura hacer amistad con Albedrío. Este le presenta a Eurídice diciéndole que Aristeo solamente es un loco original. Eurídice siente curiosidad de entablar conversación con Aristeo. A la Gracia no le gusta nada el panorama y advierte a Eurídice que corre peligro y se retira. Aristeo empieza con lisonjas, a hacerse interesante a los ojos de Eurídice que dice para sí misma: «Albedrío, hasme engañado, que éste no es loco». La Gracia insiste en que no hable con Aristeo. Aristeo prosigue con sus lisonjas y cuenta todos sus méritos personales y riquezas. Eurídice empieza a sentir que hay algo raro en Aristeo que le da miedo y pide ayuda a la Gracia. Con la ayuda de ésta Eurídice y Albedrío ahuyentan a Aristeo que desaparece. Mientras van por el camino ven un arbol hermosísimo. Gracia les dice que no se acerquen, que hay una serpiente. Puede más la curiosidad, se acercan al árbol y la serpiente muerde a Eurídice. Entonces sale Aristeo: «La escondida serpiente, Eurídice, soy yo». Entonces Eurídice comprende y dice: «Perdí, perdí la gracia, diome el áspid la muerte». Entonces Orfeo llama a Gracia y Amor para que recuperen a la perdida Eurídice. Amor se dirige a Orfeo con estas palabras:

> Tan dulcemente enamoran / tus voces, que al cielo encantan
> cuando tus amores cantan / como cuando dulces lloran...
> Pues labraste un instrumento / arpa, con que lanzará
> David demonios; y ya / libre Saúl del tormento
> que oprimido le tenía / en su divina armonía
> esta arpa acorde y pura / será una sombra y figura,
> Orfeo, de la arpa mía.

Dice Orfeo: «Tráeme el instrumento aquí». Sale Amor con el arpa y en el mástil hecha una cruz. Y dice Amor:

> Esta arpa dulce y clara / el instrumento es sonoro
> con trastes y cuerdas de oro...
> El instrumento que ves / que al abismo ha de dar luz,
> por aquesta parte es cruz / y ataúd por ésta es.
> Y el instrumento es después / porque la cruz y ataúd.
> tienen tan alta virtud / que su música amorosa
> podrá librar a tu esposa / de prisión y esclavitud.

Dícele Orfeo: «Dame ese instrumento» y acompañado de Amor desciende al infierno cantando. Se encuentran con Aqueronte que no les quiere embarcar para pasar el Leteo y dícele Orfeo: «Pues no puede mi llanto, muévate la dulzura de mi canto». Orfeo canta:

> Atrévete muerte a mí / que quien es con hechos tales
> atrevida para todos / no sea para mí cobarde.
> Atrévete muerte a mí / para que tus ondas pase.

Aqueronte se siente impotente para resistir el canto de Orfeo y le deja pasar en su barca. Aristeo que tiene prisionera a Eurídice dentro del hueco de una serpiente, presiente la proximidad de Orfeo y dice: «Algún fuerte Dios pasa por el río de la muerte». Amor dice a Orfeo:

> Ya que sobre el negro río / las ondas, señor, pasaste...
> será forzoso que cantes / aquel tono que compuso
> el Rey que venció al Gigante.
> ORFEO - Abrid las puertas, abrid
> las aldabas de diamante / a vuestro señor que viene
> hoy a visitar la cárcel.

Habla Aristeo:

> ¿Quién es éste, quién es éste / que tiene poder tan grande?
> Donde todos lloran, ¿como / es posible que uno cante?

Y poco después le dice Aristeo: ¿Cómo este río pasaste? Respóndele Orfeo: «Venciendo con armonía / a la muerte que es su Alcalde». Entonces Orfeo pide a Plutón que le devuelva su esposa Eurídice. Dícele Aristeo: «Murió a la gracia y es mía / y no ha de poder librarse». Contesta Orfeo: «Restituirla a mi gracia / podrá mi canto suave». A continuación canta «Abrid las puertas, abrid» etc. Abrense las puertas y sale Eurídice y exclama Aristeo:

> ¿Quién en éste que en su canto / encierra virtud tan grande?
> Tus voces me atemorizan / y si el canto vence al áspid,
> áspid soy, y de tu canto / vencido estoy, no me mates.

Tras esta victoria final sobre Aristeo, habiéndole arrebatado a Eurídice del infierno, regresa Orfeo al cielo cantando:

> Todas las puertas del cielo / se eleven y se levanten,
> pues vuelve el Divino Orfeo / resplandeciente y triunfante.

CAPITULO IV

1. MÚSICA, CONJUNTO INSTRUMENTAL. 2. MÚSICA, CAPILLA DE CANTORES.
COROS Y «CUATROS». 3. MÚSICOS ACTORES. 4. CANTAR Y REPRESENTAR.
5. EL ESTILO RECITATIVO.

1. *Música, conjunto instrumental*

Calderón emplea muchas veces la palabra Música como significando un conjunto instrumental. Aun hoy día continuamos usándola en este sentido. Cuántas veces en las fiestas de los pueblos he oído decir y he dicho yo mismo de pequeño, ¡ya viene la música! para indicar que ya se acerca la banda de música que hace el pasacalle por la población. En Calderón es frecuente el uso de la palabra música como sinónimo de banda militar o de orquesta. Veamos algunos ejemplos: «Suena la Música y entran soldados delante, y detrás un carro triunfal». «Toca la Música y vuelve el carro» (*La gran Cenobia*, I, 93, y 95). Es evidente que en este texto se refiere a una banda de matiz militar, pero en los más quiere significar simplemente el conjunto instrumental de que dispone la compañía teatral. «Suena Música y salen los Reyes y San Ildefonso» (*La Virgen del Sagrario*, I, 575). Aquí se trata de una banda de ministriles o de chirimías como base. El mismo sentido tiene en los dos siguientes pasajes del mismo auto: «Música y ábrese el sepulcro y (aparece) la Santa Leocadia». «Música y desaparece» (íd. 579). También en *El José de las mujeres* (I, 1939) «Las chirimías... y toda la Música». Aquí la expresión «toda la Música» comprende todos los instrumentos más todos los cantores. En la *protestación de la fe* (III, 744) «Suena la Música y dan vueltas a un tiempo los dos carros» es igual que decir «suena la orquesta». En cambio en esta acotación de *El pintor de su deshonra* (I, 889) la palabra Música parece incluir la ejecución conjunta de cantores e instrumentos: «Tocan y mientras danzan, representan y la Música responde, todo a compás, sin pararse nunca los instrumentos». Es decir que, aun los versos declamados, en medio de los versos cantados, se dicen con el fondo musical de los instrumentos.

2. Música, capilla de cantores. Coros y «cuatros»

En otras ocasiones con la palabra Música se significa la capilla de músicos cantores o en todo caso de grupo mixto de cantores y acompañamiento de «algunos» instrumentos. En el Reparto de las Personas que intervienen en la interpretación de una obra, que figura antes del comienzo de la misma, Calderón unas veces escribe «Músicos» y otras «Música». Hay textos en que aparece muy explícito el sentido de que Música equivale a capilla, por cuanto dice taxativamente «canta la Música». Por ej. en *Los tres afectos de amor* (I, 1219) escribe: «Descúbrese el templo de Venus; *canta la Música* y habiéndose entrado por una puerta, salen por otra las dos compañías con toda la Música». Aquí aparece muy claro que Música la primera vez se refiere sólo a la capilla de cantores y la segunda vez a los cantores más todos los instrumentistas. «Tocan chirimías y canta la Música». «Vuelve la nave y sigue a las chirimías la Música» (*El socorro general*, III, 335).

En otros textos queda reforzada esta equivalencia porque distingue la música que canta de la música que se toca: «Con esta repetición tocan las chirimías, canta la Música y se da fin al Auto» (*La devoción de la misa*, III, 269) y (*La piel de Gedeón*, III, 536). «Suenan instrumentos y canta la Música dentro (*El Año Santo en Roma*, III, 491). Tras la cuarta repetición del estribillo *Quién hoy ensalza y corona* se anota... «esta Música se acompaña de chirimías» lo que parece indicar que no toda la música de los coros era siempre reforzada con otros instrumentos que no fuesen los corrientes para acompañar: arpa, vihuela, guitarra, laúd, tiorba, etc. En *El mayor encanto amor* (I, 1536) hay este texto bien aclaratorio de la acepción de Música por grupo de cantores:

> LIBIA - *La música* que has mandado /
> prevenir, está señora
> esperando.
> CIRCE -   Por ahora
> *no cantéis.*

Creo que éste es el lugar oportuno para decir unas palabras acerca de los Coros y de los «Cuatros». En primer lugar hay que establecer una diferencia entre las distintas intervenciones a varias voces, generalmente a cuatro, y los Coros propiamente dichos. Las simples intervenciones vocales las indica Calderón con la palabra Músicos o Música, y los coros con la palabra «Coro». Hoy día está bastante extendido el hablar de los «cuatro de empezar», cuando se trata del teatro barroco español, pero la noción que del mismo se tiene no corresponde a la verdad. He aquí como explica el «cuatro de empezar» el Diccionario de la Música Labor en palabras de

J. Subirá, aunque no esté firmado el artículo: «En el antiguo teatro español nombre dado a breves composiciones introductivas, que servían para ornamentar la función y predisponer con un grato recreo el ánimo de los espectadores, pero que eran totalmente ajenas a la obra representada. Acompañábase con arpas, laúdes, vihuelas o guitarras. Durón y Patiño escribieron notables cuatros de empezar en el siglo XVII».

Esta es la opinión errónea que comúnmente se tiene del cuatro. En primer lugar en las obras de Calderón hay tantos y más cuatros de terminar que de empezar y también los hay tantos y más en medio de la obra, y todos ellos tienen las mismas características. Pero el mayor error está en decir que «eran totalmente ajenos a la obra representada». Los cuatro de Calderón constituyen muchas veces el comienzo del texto mismo de la obra representada y son siempre el fundamento y la base del desarrollo de la primera escena. El lector encontrará cuatros de empezar, del medio y de terminar en mi obra *El Teatro musical de Calderón* (Barcelona, 1981).

En resumen, el «Cuatro» es simplemente una corta canción a cuatro voces y, como tal, fue practicado también en la música religiosa. Baste citar, como ejemplo, los numerosos «Quatro al Santísimo» y a varios santos, que se conservan en el Archivo de la catedral de Jaca, obra de los compositores V. Adán, B. Bosqued, J. Conejos, Contreras, J. Nebra, P. Durán, Correa y otros. En dicho archivo se encuentran también obras con el título poco corriente de «Tercio al Santísimo», «Tercio a la Asumpción de la Virgen», etc. con el significado de canción a tres voces.

En cambio el Coro viene a ser una persona más del drama y con frecuencia, como una persona, acompaña a otra persona. Así en *El hijo del sol, Faetón*, I, 1863, «Sale por un lado el Coro 1.º y con él Galatea. Sale por el otro lado el Coro 2.º y con él Amaltea». Hay todavía en este mismo drama un tercer «Coro de Sirenas» que no consta en el Reparto. En todo el contexto aparece bien claro que se trata de tres entidades corales diferentes, lo que implica disponer de un cierto número de cantores.

Cuando una obra es a dos coros y éstos cantan dentro (o sea, fuera de la escena y de la vista del público) en rigor unos mismos cantores podían cantar ambos coros; por ej. en *Auristela y Lisidante*, II, 2036, «Música dentro con tres voces y dos coros»: el Coro 1.º canta «Silencio» y el Coro 2.º responde «Silencio». Si unos mismos músicos cantan el primer coro a media voz o fuerte y el segundo en piano o eco, se obtendrá perfectamente la impresión de dos coros diferentes. Calderón muchas veces hace constar los Coros en el Reparto; otras veces pone simplemente «Músicos» aunque en el desarrollo de la acción los divide en dos coros. Así en la Loa para *El laberinto del mundo*, III, 1555, dice: «Sale la Música en dos coros y con el uno el Cielo por una parte y por la otra, la Tierra con el otro coro», pero en el Reparto sólo pone «Músicos». Lo mismo sucede en *Ni*

Amor se libra de amor. En el elenco de las Personas que intervienen pone «Músicos», pero la acotación de la Jornada II (pág. 1965) dice así: «Música que se divide en dos Coros». De hecho en el comienzo de la obra (pág. 1944) son tres los Coros que hace intervenir.

En *La fiera, el rayo y la piedra*, I, 1597 figuran nada menos que ¡seis Coros! en la lista de las personas del drama: Coro de damas, Coro de villanos, Coro de Cíclopes, Coro de Cupido, Coro de Anteros y Coro de Sirenas. La obra termina con una gran mascarada cuya acotación es de gran interés: «Aquí se descubre la máscara, repartida en dos coros de música de siete voces cada una; cada uno cuatro mujeres y tres hombres; y en una tropa de doce mujeres que son las que han de danzar y en lo alto la Fortuna».

En *El laurel de Apolo* constan en el Reparto Coro de Amor y Coro de Olvido y en el decurso de la obra salen Coro de Eco, Coro de Iris, Coro de zagales y Coro de zagalas. A veces la pasión de una parte por imponer una verdad y de la otra por negarla, culmina en un canto simultáneo de los dos coros encontrados: «Cantan los dos coros a un mismo tiempo, confundiendo los sentimientos de la una con la otra y antes que acaben suenan cajas y trompetas»:

> Coro 1.º - No se alabe la hermosura, etc.
> Coro 2.º - Alábese la hermosura, etc.

En realidad ambos coros cantaban la misma música con textos que se contradicen recíprocamente.

En *Los hijos de la Fortuna*, I, 1225, hay Coro de las damas de Persina que son negras, Coro de Ninfas de Apolo, Coro de damas de Admeto, Coro de hombres y Coro de mujeres.

Es obvio que uno se pregunte cuantos cantores se necesitarían para interpretar una obra a varios coros. Aun teniendo en cuenta que sólo cantaba una persona por cada voz, algunas obras, cuando los coros están en la escena, a la vista, necesitarían un buen número de cantores. No obstante conviene tener presente cuál es el concepto barroco del Coro. Nosotros cuando hablamos de una obra a varios coros en seguida imaginamos varios grupos de a cuatro voces cada uno, como en la polifonía policoral litúrgica. Pero el barroco concibe el coro como una persona más del conjunto dramático, como un ser de determinado color y éste puede encarnarse en un coro que consta de una sola voz, dos, tres, cuatro o más. Un claro y convincente ejemplo lo encontramos en *Ni Amor se libra de amor* de J. Hidalgo. En el n.º 3 de mi edición, las palabras «¡Ola, ahu! ¡ah del monte! ¡Ola, ahu! ¡ah de la selva! Albricias, Albricias» y otras, las canta el Coro 1.º a una sola voz, siendo repetidas a 4 voces por el Coro 2.º. Lo mismo sucede en *El lirio y la azucena*, n.º 16 de mi edición musical y otros varios que el lector puede comprobar, comparando la edición literaria con la musical.

En la Misa a 6 v. de J. Cabanilles, el Coro 1.º consta solamente de dos tiples concertantes, mientras que el segundo consta de cuatro voces mixtas formadas por el resto de la capilla. Así pues, hablando con todo rigor, algunos de esos coros pudieron ser a una voz, en cuyo caso el grupo que formaba el coro podía estar integrado por un solo músico profesional que arrastraría en el canto a otras personas de la compañía que no eran músicos profesionales. En definitiva la calidad de los coros debió depender mucho de los recursos humanos y económicos de que dispondría la compañía.

3. Músicos actores

Aunque la mayor parte de veces los músicos cantan y tocan dentro, hay no obstante muchas ocasiones en que salen a escena. Ejemplos: en la Loa para *Psiquis y Cupido*, III, 342, «Sale la Música cantando los primeros versos y detrás el Amor escuchándolos. «Tocan instrumentos y sale la Iglesia cantando con la Música (id. 343). «Sale el primer Coro de Música... Salen el Judaísmo, la Sinagoga y Músicos vestidos a lo judío» y «sale la Fe, vestida de Dama y Coro de Músicos de Indias» (id. 347). Estas salidas en las que se presenta a escena la Música en general o un Coro, no requieren necesariamente que los músicos sean actores, puesto que actúan como conjunto. Hay otros casos en que los músicos han de comportarse, accidentalmente, como actores, por ej. en *La Virgen del Sagrario*, I, 596, «Salen cuatro pajes que los han de hacer los músicos de estudiantes». En *La aurora en Copacabana*, I, 1361, «Salen Músicos y las Mujeres vestidas de estudiantes, como seises en sobrepellices y bonetes». En la Jornada I.ª de *La sibila de oriente*, dice el Músico 1.º «Yo leer mi verso quiero» y lee verso a verso y en diálogo con otros actores, la poesía «Un celestial, un singular madero». En *La nave del mercader*, III, 1451, «Salen los cinco sentidos que han de hacer los músicos».

Pero hay obras que necesitan de auténticos músicos-actores o actores-músicos. De una manera general son aquellas obras en que alguna o algunas de las personas protagonistas cantan y representan en escena. Por ej. en *El lirio y la azucena*, Paz que canta varias veces importantes melodías, tales como «Feliz Rodulfo, archiduque invicto del Austria», «¡Ah de la nueva Salem!», «En los ojos de María» y otras. Véase su música en mi libro *El Teatro Musical de Calderón* (Barcelona, 1981). También en *Los tres afectos de amor*, las damas que primero cantan por separado y después juntas, tenían que ser músicas:

DAMA 1.ª (canta) - ¿Quién amor sabrá decir
de triunfos de tu poder,
cuál deja más que sentir
o la lisonja del ver
o el halago del oír?
DAMA 2.ª - Pues ¿qué hay de dudar?
DAMA 3.ª - Pues ¿qué hay que argüir?
DAMA 4.ª - Si para postrar...
DAMA 5.ª - Si para vencer
DAMAS 2.ª y 3.ª - de amor el más noble peligro es ver
DAMAS 4.ª y 5.ª - el más noble riesgo es de amor el oír?
TODAS juntas - Pues ¿qué hay que dudar etc.

El lector podrá ver la música que cantan estas damas en mi obra antes citada.

4. *Cantar y representar*

La expresión «cantar y representar» es tópica en el teatro de Calderón y expresa dos acciones diferentes, si no opuestas. He aquí algunos ejemplos con distintos matices:

a) «Esta repetición se ha de hacer cantando unos y representando otros, todos a un tiempo»

MÚS. - Que aun en su destierro Apolo...
TODOS - Que sin duda en sus contornos...
MÚS. - si le ve un golfo morir...
TODOS - tomó tierra el agresor...
MÚS. - le ve nacer otro golfo.
TODOS - de aquel sacrílego robo.

(*Apolo y Climene*, I, 1847-8)

Aquí a cada verso cantado por los músicos sigue otro verso distinto declamado por todos los actores. Tenemos pues dos acciones paralelas: los músicos cantan y los actores declaman. (Los versos sólo tienen sentido leyendo seguidos todos los cantados y lo mismo, los declamados.)

b) «Todos y la Música. Unos cantando y otros representando a un mismo tiempo» (*Duelos de amor y lealtad*, I, 1503)

El poderoso Alejandro / magno, augusto, heroico César,
hijo de Filipo el Grande / viva, reine, triunfe y venza.

En este caso tanto los músicos cantando, como los actores declamando, dicen simultáneamente el mismo texto.

48

c) «Canta la Prudencia y ella (Debora) representa lo que canta»

> PRUD. - ¿Qué os turba, qué os acobarda?
> DÉB. - ¿Qué os turba, qué os acobarda? etc.

Aquí tenemos por una parte un solista que canta y por otra una sola persona que representa lo que la otra canta. (*Quién hallará mujer fuerte?*, III, 666).

d) En *El pastor Fido*, III, 1595, encontramos que una misma persona, la Culpa, canta y representa cinco coplas de romance en esta forma: canta los dos primeros versos de cada copla y recita el tercero y cuarto:

> (Canta) - Aquella amorosa vid / que enlazada al olmo ves,
> (Representa) - pues para que ella y el olmo / segura del rayo estén, etc.

e) «Toca en el instrumento algunas fantasías sin dejar de representar» (*El jardín de Falerina*, III, 150). Aquí la persona del auto, el Oído, va declamando (no cantando) sus versos sobre el acompañamiento instrumental que él mismo toca.

f) «Desde aquí se dice todo el tono seguido, sin dejar de cantar, aunque se represente» (*El postrer duelo*, I, 1281). Aquí se recitan 22 versos mientras los músicos cantan el tono o romance «A los jardines de Chipre». Al terminar el último verso, «Golpes a una puerta, sin cesar la música ni la representación».

g) «Con esta repetición han de sonar a un tiempo las cajas y trompetas, la música y la representación» (*La aurora en Copacabana*, I, 1338)

> TODOS y MÚSICA - Que el que pone en María, etc.

En esta ocasión los «Todos», que son toda la tropa de actores, representan, y la Música canta lo que los actores declaman.

Los ejemplos a), b), f) y g) presentan este no pequeño inconveniente: si cantan unos y representan otros y además suenan al mismo tiempo instrumentos tan ruidosos como las cajas y trompetas ¿podía el público oír los versos declamados? Lo más seguro es que no. Y esto ¿no es contrario a la inteligencia, por parte del público, del drama o del auto? La respuesta nos la da el mismo Calderón y en ella se ve cómo para el gran dramaturgo el efecto de la música en estos casos, es más importante que entender las palabras: «Esto se ha de representar y cantar junto, sin cesar instrumentos, cajas y trompetas, advirtiendo que *o se oiga o no*, nadie ha de durar más de lo que durase uno» (*Conde Lucanor*, I, 1966). Naturalmente las palabras «se oiga o no» se refiere a lo declamados por los actores, puesto que la música se oiría muy fuerte. De parecida manera en *El monstruo de los jardines*, I, 2021, escribe: «Habrá caja, clarín, música y versos, *óigase o no se oiga*». De la lectura de tantos y tantos lugares referentes a cantar y representar he sacado la conclusión que «representar» significa recitar o declamar *con gestos y ademanes*.

5. *El estilo recitativo*

Intermedio entre representar y cantar está el estilo recitativo. El recitativo musical tiene capital importancia en el teatro de Calderón. Que haya recitados en una ópera como *Celos del aire matan* o *La púrpura de la rosa* es obvio y natural. Pero yo aquí quiero destacar precisamente los recitativos de sus otras obras. Veamos algunos: «...bajó (Cibele) hasta la punta del tablado, en recitativo estilo cantando ella, y respondiendo el Coro». (*Fieras afemina amor*, I, 2045)» «Cibelle... la cual mezclando ya lo furioso y ya lo compasivo... en recitativo estilo cantó llorando lo siguiente». Canta 35 versos (ibid. 2054). Son siete coplas de cinco versos calcadas métricamente: cuatro heptasílabos más un endecasílabo. Ello quiere decir que todas las coplas se cantaban sobre un mismo y breve recitado. En *La fiera, el rayo y la piedra*, I, 1615, «Sale Cupido cantando en estilo recitativo». Canta 47 versos en metro libre de silva. En el auto *El divino Orfeo*, III, 1840, escribe: «Adviértase que cuanto represente (Orfeo) ha de ser cantado en estilo recitativo. En esta ocasión canta como mínimo 80 versos en coplas de romance. Más adelante «canta como llorando» y luego hasta el final cantará un centenar de versos más. En *El cordero de Isaías*, III, 1753-4, la Pitonisa, además de cantar «en tono triste con cadencias de llanto», canta «en estilo recitativo llorando» una cincuentena de versos. En *La inmunidad del Sagrado*, III, 1127, la Gracia canta, llorando, en recitativo 60 versos. En la Loa para *La piel de Gedeón*, III, 516, «Bailan en forma de huir y la Arpía tras ellos, cantando recitativo». Canta 60 versos en coplas de romance. En *El tesoro escondido*, III, 1677, «Sale la Idolatría cantando recitativo». Canta 60 versos en metro de silva.

Pero de todas las obras es en *La estatua de Prometeo* donde mayor importancia tiene el recitativo. En la Jornada 1.ª Minerva (pág. 2072) canta en dicho estilo 40 versos, «Yo soy, oh Prometeo» etc. distribuidos en seis estrofas rigurosamente simétricas: cuatro heptasílabos más un endecasílabo, y tras breve intervención de Prometeo canta dos coplas más exactamente construidas como las anteriores, de manera que repite ocho veces la música del recitado. Palas (Págs. 2074-76) «Canta recitativo a tonada corriente.

punto por letra». En esta ocasión canta 100 versos. Por su parte «En tonada canta Apolo». En la Jornada 2.ª (pág. 2082) «Vanse y sale Discordia, cantando recitativo) y a «continuación «Sale Palas, cantando recitativo» (págs. 2087-9). Todo el diálogo entre Discordia y Palas (págs. 2082-3) es recitativo hasta enlazar con el tono bailado «Al festejo, al festejo, zagales». En la tonada 3.ª «Salen Apolo y Palas cantando recitativo». Cantan 50 versos y otros 100 más desde la intervención de Minerva. Por otra parte los versos que «canta Minerva en tono de lamento» (pág. 2095), aunque no se dice, se canta también en recitativo, como puede verse por su música conservada, original de J. Hidalgo, y transcrita por J. Sage en la obra *Los celos hacen estrellas* de J. Vélez de Guevara, editada por J. E. Varey y N. D. Shergold (Londres, 1970) pág. 207.

De las citadas acotaciones merece especial atención «Canta *recitativo a tonada corriente*, punto por letra». A tonada corriente puede interpretarse de dos maneras: que cantan un tipo de recitado, de acuerdo con una manera conocida y corriente de cantar, o bien indica que se canta corriendo, nota por sílaba, que esto significa «punto por letra». En contraposición a este estilo «En tonada canta Apolo», o sea, en estilo melódico. Por otra parte si tenemos en cuenta que tanto las coplas del recitativo de Cibele en *Fieras...* como el de Minerva en *La estatua...* se sustentan sobre un mismo y riguroso esquema métrico, es probable que ambos se cantaran con la misma música. A juzgar por ésta, los recitativos conservados de obras españolas del siglo XVII y principios del XVIII, no tienen la gracia y soltura de los italianos.

CAPITULO V

1. Música, femenino de músico. 2. Música de fondo. 3. Música civil y militar.

1. *Música, femenino de músico*

Calderón emplea con la mayor naturalidad la palabra «Música» como femenino del adjetivo y del sustantivo músico. He aquí algunos ejemplos: «Coro de Damas Músicas» (*Darlo todo...* I, 1029). «Con los últimos versos que se empiezan a cantar desde dentro salen todas las Músicas que puedan vestidas de Ninfas» (*Los hijos de la fortuna*, I, 1225) «Cantan dentro y salen Músicas indias negras (íd. 1228). En el Reparto de personas hay «Nimfas de Apolo músicas». Entre las personas de la Egloga piscatoria (I, 1724) hay «Pescadores músicos y villanas músicas». En *Los dos amantes del cielo* (I, 1094) dice Escarpín:

> ¿Qué es lo que a las dos sucede
> que han perdido el juicio ambas?
> CRISANTO - Ser músicas y poetas
> ya para perderlo basta.

2. *Música de fondo*

Calderón sabe que mientras discurre la acción dramática no puede existir en la escena un momento vacío, muerto. Por ello en muchas circunstancias mantiene el interés del espectador mediante la música que de un modo genérico podríamos llamar de fondo. Así vemos que en *El postrer duelo* (I, 1251), escribe «Golpes a una puerta sin cesar la música, aunque se represente» y un poco más adelante «Desde aquí se dice todo el tono seguido, sin dejar de cantar, aunque se represente». «Los instrumentos suenan siempre, aunque se represente (*El jardín de Falerina*, II, 1896). Muy importante es esta acotación de *Conde Lucanor* (II, 1966): «Esto se ha de representar

53

y cantar junto, sin cesar instrumentos, cajas y trompetas, advirtiendo que, se oiga o no, nadie ha de durar más de lo que durase uno». Este sería un buen problema para el regidor de escena, puesto que por causa de sonar juntos todos los instrumentos, lo más probable es que no se entendería y tal vez ni se oiría lo que decían los que representaban, a pesar de lo cual, se exige que vayan siempre juntos y que juntos terminen. De parecida manera en *El nuevo hospicio de pobres* III, 1194: dice: «Canta dentro midiendo la repetición con la Música de manera que acaben todos juntos». Calderón tiene escenas difíciles en las que exige que la duración de la acción se acomode a la duración de la música, siendo esta duración la medida de la duración de la escena: «Va Anteros subiendo a lo alto, midiendo con la música la distancia (*Fieras afemina amor*, I, 2045). «Desapareció (Cibeles) midiendo con la música la distancia de lo alto» (ibid). «Con esta representación suenan las chirimías y van subiendo las dos nubes, midiendo los versos de la representación (*La humildad coronada*, III, 396). En *La viña del Señor* (III, 1477), «Dentro los instrumentos sonando hasta que se cante». En esta ocasión entre Lucero 2.º y Malicia recitan sobre fondo instrumental 16 versos hasta enlazar con la cuarta repetición del estribillo «Jornaleros de la vida».

A veces la música de fondo es para Calderón más importante que las mismas palabras del drama, como se confirma por esta acotación: «Habrá caja, clarín, música y versos, óigase o no se oiga» (*El monstruo de los jardines*, I, 2021).

Pero donde la música de fondo tiene una importancia decisiva es en el cambio de decorados o tramoyas, ya que se mantiene el clima de la escena, mientras se muda la decoración, cambio que no podría realizarse sin el concurso de la música que resulta así un eficaz y fácil comodín. «Con esta repetición de música, se entran todos y se muda el teatro en el de tiendas» (*El segundo Escipión*, I, 1425). «Con esta repetición se cierra la marina y se descubre el teatro de la calle» (ibid. 1455). «Con esta repetición se entran los tres por una parte y salen por otra cantando y bailando... y cada tiempo canta una copla de por sí, sin cesar el baile e instrumentos, aunque representa Emmanuel sus versos entre copla y copla» (*Los alimentos del hombre*, III, 1624). Aquí se ve claro que el procedimiento consiste en cantar una copla voces e instrumentos juntos, luego los instrumentos solos repiten la música sin canto, en lugar del cual dice Emmanuel sus versos. Es así como en una larga escena se suceden coplas y mudanzas, teniendo el mismo soporte musical lo cantado que lo hablado o representado. En *El pintor de su deshonra*, I, 886-7, Porcia «toca y representa», o sea, que habla sobre el fondo musical del instrumento que tañe, seguramente un laúd o vihuela.

Un caso particular lo presenta la comedia *El castillo de Lindabridis*, II,

2066 y 2090. Aquí Calderón ensayó una novedad que supongo no fue del agrado del público, puesto que no parece se repitió en otras ocasiones. Es sabido que entre los diferentes actos de una comedia se hacían entremeses y sainetes. Pues bien, Calderón hizo representar la mencionada comedia, haciendo un intermedio de música instrumental, en lugar del entremés, entre los Actos I y II:

> Después de la salpicada / mil instrumentos oí;
> si fuera comedia, aquí / acabara mi jornada,
> mas puesto que no lo es / y que prosiguiendo va,
> la música suplirá / ausencias de un entremés.

Y entre las jornadas II y III en lugar del habitual sainete puso un baile:

> LINDABRIDIS - músicas, saraos, festines,
> para que aquí con dos fines
> dos admiraciones tengan.
> CLARIDIANA - empezar el festín quiero
> por hacer una mudanza.
> SIRENE - atención que desde aquí
> empieza la otra jornada.

La edición lleva esta nota: «Puso el autor aquí este sarao, para que dilatándose en las mudanzas lo que pareciere, sirva de sainete en lugar del que se estila hacer entre dos jornadas».

3. Música civil y militar

Igual que en Cervantes, existe en Calderón una tendencia constante a asociar la música militar con la civil, disfrutando de ver y oír ambas juntas. Calderón barroco, hace más hincapié que Cervantes en el dualismo y oposición de los instrumentos militares a los civiles, pero siempre procura adunarlos y fusionarlos cuando la ocasión se presta. Como Garcilaso y Cervantes, Calderón es hombre que amó las letras y las armas al mismo tiempo. No hay que olvidar que Calderón tomó parte en las campañas de Felipe IV contra Cataluña, mostrándose en todo momento un soldado valiente y muy eficaz. Los documentos de la época hacen grandes elogios de su valor como soldado.[1] No es pues de extrañar que en su teatro cree continuamente conflictos y batallas que requieren la intervención frecuente de los instrumentos

---

1. A. Valbuena, págs. 27-29 del Prólogo general al tomo II de las Obras Completas de Calderón.

militares. Por ello la caja y las trompetas son dos auxiliares constantes e inamovibles en el teatro de Calderón. Veamos ahora algunos ejemplos del mencionado dualismo, oposición y fusión de diferentes elementos musicales. En *La hija del aire* (I, 715) dice Tiresias:

> Allí trompetas y cajas / de Marte bélico horror
> y allí voces e instrumentos / dulces lisonjas de amor
> escucho, y cuando informado / de tan desconforme unión
> de músicas a admirarme / en la causa de ellas voy...

En el comienzo de la 1.ª Jornada de la Segunda Parte de esta misma obra encontramos estos dos textos:

> SEMIRAMIS - cantad vosotros y a las roncas voces
> de cajas y trompetas que veloces
> embarazan los vientos,
> repetidos respondan los acentos,
> que aquellos querellosamente graves
> y lisonjeramente estos suaves,
> que me hablen es justo,
> aquéllos al valor, y éstos al gusto.

A continuación de estos versos cantan los Músicos:

> En tanto que el rey de Lidia / sitio pone a Babilonia,
> a sus trompetas y cajas / quiere que voces respondan;
> y confusas las unas y las otras, / éstas süaves, cuándo aquéllas roncas,
> varias cláusulas hace / la cítara de amor, clarín de Marte.

En su amor por la fusión de la música civil y la militar Calderón llama a la trompeta «sirena militar» y al clarín, pájaro de acero en los jardines del mar:

> LICAS - Esa trompeta que animada suena
> en golfos de aire militar sirena.
> FRISO - Ese clarín que canta lisonjero
> en jardines de espuma, ave de acero.

En *Darlo todo y no dar nada* (I, 1022) dice la acotación «Suenan por una parte cajas y trompetas y por otra, instrumentos músicos». En *El gran Príncipe de Fez* (I, 1374) escribe: «En una parte, música, y en otra, cajas y trompetas». El drama *En esta vida todo es verdad y todo mentira* (I, 1109) empieza con esta acotación: «Dentro a una parte, cajas y trompetas, y a otra, instrumentos músicos». Esta idea de dualismo opuesto que le hace hablar como si la caja y las trompetas no fueran instrumentos musicales se encuentra ya en su primer drama, cronológicamente hablando, *Judas Ma-*

cabeo que data de 1623: «Salen por una parte, habiendo tocado cajas y trompetas, Jonatás, Simón y Judas, y por otra, Matías, viejo, Zarés y Músicos». Curiosamente su último drama *Fineza contra fineza* de 1671 empieza también con la intervención de cajas y trompetas con la constatación, una vez más, del dualismo, oposición y fusión de los distintos timbres de instrumentos, diciendo por boca de Anfión:

> ¡Qué bien las consonancias / de ambos conceptos suenan,
> oyendo Amor y Marte / la lira y la trompeta,
> cuando unísonas dicen / sus cláusulas diversas
> al eco que las trae / y al aire que las lleva (p. 2114)

Como se puede comprobar a lo largo y ancho de todo su teatro, Calderón considera siempre las cajas y trompetas como una entidad que «per se» es independiente de los demás instrumentos y de los músicos cantores. Cajas y trompetas son el trasunto de un determinado y muy concreto mundo, el de las armas. Pero como ya he dicho antes, Calderón es feliz cuando puede hacerlos sonar todos juntamente. Estos versos de *Darlo todo y no dar nada* (p. 1022) nos lo confirman una vez más. Dicen unos:

> Haga repetida salva / la música, confundiendo
> en instrumentos sonoros / militares instrumentos.

Y escuchando las voces e instrumentos dice Diógenes:

> ¿Qué contrarias armonías / en no contrarios acentos,
> aquí de estruendos marciales / aquí de dulces estruendos
> la esfera del aire ocupan...

Parecidamente en *La estatua de Prometeo* (I, 2073-4), dice Epimeteo:

> ¿Qué desusado estruendo
> de mal ruidoso idioma que no entiendo
> mezcla a un tiempo en su cóncavo veloces
> roncos acentos y sonoras voces?

Cuando alguna circustancia particular pide la simultaneidad de ambas músicas, Calderón lo advierte muy claramente. Así en *La aurora en Copacabana* (I, 1338), escribe: «Con esta repetición (de lo que canta el coro) han de sonar a un tiempo las cajas y trompetas, la música y la representación». En *Fineza contra fineza* (I, 2106) «Cajas, trompetas y Música a un tiempo».

En la 1.ª Jornada del drama *En esta vida todo es verdad y todo mentira* hay varias páginas en que Calderón describe los efectos de la música militar. Ya al empezar, al grito de «Vivan Cintia y Focas», se plantea el dualismo musical:

> FOCAS - Y hagan salva a su belleza / los militares estruendos
> de cajas y trompetas.
> CINTIA - Y hagan a su vida salva / himnos canciones y letras.

Salen todos cantando «El nunca vencido Marte», etc. Prosigue la acción y tras nuevas aclamaciones a Cintia y Focas «Vanse todos al son de cajas y guitarras y vuelven a la voz de Libia». Es una voz discordante que grita ¡Muera! Venida a presencia de Cintia, ésta ruega a Libia le explique el porqué de aquel grito. De sus explicaciones se deduce que un hijo bastardo que tuvo Focas en la selva con la hermosa Irifele, vive todavía y lo averiguó gracias a la música:

> Aquí llegaron los ecos / de dos cláusulas tan nuevas
> como son en estos montes / oír de una parte trompetas
> y cajas, y de otra parte / instrumentos...

Pues bien, al oír las sonoras cláusulas, Libia se movió en dirección al sonido y también hizo lo mismo uno de los presuntos hijos de Focas, que viven en una cueva, dando un gran susto a Libia que lo descubrió acechando en medio de unos matorrales. Ante tal relato dice Focas:

> ¡Qué fuera, Cintia, qué fuera / que donde vengo a buscar
> mi perdida descendencia / con mi ascendencia encontrara...

Cintia le responde que si quiere encontrar-lo, no tiene que hacer más que ordenar que la música continúe tocando,

> Ya que averiguarlo quieras, / si las cajas y las voces
> le sacaron de su cueva, / haz que prosiga, porque
> su música le divierta / engañado, sin saber
> que en el monte en su busca cercas.

La comitiva se adentra en la selva al canto de «El siempre vencedor Marte», etc. Al oír nuevamente la música, Heraclio y Leónido, que tales son los nombres de los presuntos vástagos de Focas, van a salir de la cueva, lo cual quiere impedir Astolfo su guardián. Y a las razones que éste les da, para que no salgan, responden:

> LEÓNIDO - ¿Qué quieres, si esa música que suena
> tan nuevamente a mi oído,
> apacible y lisonjera

>   tanto mi espíritu mueve,
>   tanto mi atención eleva
>   y tanto mi afecto inclina
>   que tras su acento me lleva
>   absorto y suspenso?
> HERACLIO - ¿Qué quieres, si ese horror que llena
>   de nuevo escándalo el aire,
>   tanto de mí me enajena,
>   tanto de mí me arrebata
>   y tanto de mí en mí fuerza,
>   que tras su estruendo inflamado
>   un no sé qué ardor intenta
>   ser volcán, imán de todos
>   mis sentidos y potencias?

Prosigue Leónido diciendo que a pesar de haber oído tantas veces la música de la selva «nunca en su métrico canto oí música que suspenda tanto como ésta». Por su parte Heraclio afirma que habiendo oído tantas veces el rumor atormentado de las ráfagas de los vientos en las copas de los árboles y el horrísono retumbar de los relámpagos, nunca oyó «estrépito que mueva tanto como el de ése, que hoy, trueno de nube serena...». (Suena la caja). A tales manifestaciones contesta Astolfo, sintetizando:

>   ¡Ay de mí! que esos dos ecos
>   que a uno irrita, a otro recrea,
>   temo que han de ser la ruina
>   de los tres...

Y hacia la mitad de la 2.ª Jornada dice Cintia: «a la armonía acudió Leónido, a tiempo que a los clarines Heraclio».

CAPITULO VI

Infraestructura musical en los Autos de Calderón

La música en el teatro de Calderón, especialmente en sus autos, nunca es un adorno o un relleno, sino todo lo contrario: confía a la música los distintos conceptos básicos sobre los que fundamenta y desarrolla el auto, de manera que con frecuencia la glosa y comentarios de lo cantado son el relleno literario con que cubre el hueco que hay entre los distintos números cantados, haciendo que toda la obra aparezca como estructurada en función de los conceptos que se cantan. Los diferentes estribillos y tonos que se repiten en una obra son las distintas columnas sobre las que está edificado el auto. Para Calderón el estribillo es lisa y llanamente todo aquello que hace repetir cantando, aunque, literariamente hablando, muchas veces no pueda calificarse como tal. La fertilidad de la fantasía de Calderón en combinar estos estribillos con el desarrollo de la acción presenta tantas variedades que con solo este tema se podría escribir otra monografía. Yo aquí examinaré unas obras como ejemplo y el lector podrá hacer consideraciones análogas en los autos restantes.

En primer lugar analicemos una Loa. En la edición de los autos por A. Valbuena, que es la edición que uso para estos estudios, hay treinta que van precedidos de su respectiva loa, original también de Calderón. Casi todas estas loas son romances cantados que generalmente versan sobre el mismo tema que desarrollará el auto. En proporción a su brevedad, en las loas, es donde hay más música. Con frecuencia incluyen además algún baile, generalmente hacia el final. En las loas prácticamente hay música desde el principio hasta el fin. Tomemos como ejemplo la Loa para *El divino Orfeo* (III, 1835-39). Empieza con los siguientes versos cantados:

> Ya que el día del Señor / aplauden hoy y celebran
> con fiestas y regocijos / divinas y humanas letras,
> sepamos cuál de ellas / incluye feliz su mayor excelencia.

Estos versos son el estribillo del romance con asonante *ea* que abarca toda la loa. Se canta 13 veces con las combinaciones siguientes: la 1.ª, el estribillo entero; la 2.ª y 3.ª, los versos 5-6; en las repeticiones 4.ª-11.ª solamente se canta el último verso; la 12.ª, todo el estribillo entero; la 13.ª, los versos 5-6. Este romance, además de cantado, es bailado. Antes de la repetición 1.ª del estribillo hay esta acotación: «Canta la Música y a su compás bailando todos hacen una mudanza». Con el baile cantado se da fin a la loa. Hay que tener en cuenta que en los bailes dramáticos o literarios los versos no cantados se recitan o representan sobre el fondo musical de la misma música que se canta y baila, de manera que los instrumentos nunca cesan de tocar, formando una misma unidad artística —que es el baile— los tres elementos juntos: música instrumental, canto y texto recitado.

Veamos ahora el auto de *El sacro Parsano* (III, 777-797). Empieza el auto cantando los músicos:

> Venid, mortales venid, / venid, venid al certamen,
> que el que legítimamente / lidia, habrá de coronarse.
> Venid, mortales, / que quien llama a todos
> no exceptúa a nadie.

Este estribillo está formado por la primera cuarteta del romance más un apéndice de tres versos. *Los siete versos son el estribillo real* sobre el que gravitan las páginas 777-782 formadas por un romance con asonancia *ae* en *l*os versos pares. Se repite 12 veces: la 1.ª, se canta entero, la 2.ª los versos 1-2; la 3.ª; los v. 3-4; la 4.ª, los v. 5-7; la 6.ª-8.ª los v. 1-2 y en las 9.ª-12.ª los v. 5-7. Con la repetición 12.ª termina el metro romance con asonante *ae* y siguen nueve décimas al final de las cuales se repiten todavía los versos 1-2 del citado estribillo. Inmediatamente empieza otro romance con asonancia *eo* (págs. 783-87) el estribillo del cual está formado por el dístico «Piedad, Señor divino y de mi ruego / muévaos el llanto, oblígueos el lamento» que se canta cuatro veces. Entre la segunda y tercera vez se introduce otro elemento musical, el canto de las letanías de Todos los Santos con el estribillo «De lógica de Agustino / líbranos, Señor». Las páginas 87-89 se sostienen sobre las palabras *Te Deum laudamus, te Dominum confitemur* que se cantan como estribillo cuatro veces en el decurso de la traducción y glosa del *Te Deum*. Las páginas 90-93 están pendientes de oír la palabra «Silencio» que es cantada seis veces a distintos trechos, y después de la última viene lo que todos esperan tras el silencio: el canto glosado del *Tantum ergo*. Las páginas 794-5 se apoyan sobre el canto de cuatro «motetes», que en realidad son coplas de seguidilla, y termina el auto con el canto de los dos últimos versos del estribillo del comienzo.

Sea otro ejemplo el auto *A María el corazón* (III, 1134-1151). Empieza el auto con el canto de un estribillo de seis versos, cada uno de los cuales es dicho primeramente por el Angel e inmediatamente cantado por los músicos en esta forma:

ANGEL - Salga del Asia infiel
MÚSICOS - Salga del Asia infiel
ANGEL - esta sagrada fábrica
MÚSICOS - esta sagrada fábrica, etc.

Las páginas 1134-5 giran en torno al canto de dicho estribillo que se canta nueve veces: la 1.ª, los seis versos; la 2.ª, v. 1-2; la 3.ª, v. 3-4; la 4.ª, v. 5-6; la 5.ª el estribillo entero; la 6.ª, v. 1-2; la 7.ª, v. 3-4; la 8.ª, v. 5-6; la 9.ª, los seis versos. En la página 1138 y parte de la siguiente se desarrolla el baile de los vicios con sonajas y otros instrumentos, cuyo texto son coplas de seguidilla con este estribillo que se canta cinco veces:

Vaya, vaya de fiesta, / vaya de risa,
y hagan sus efectos / Gula y Lascivia.

Otra nueva copla de seguidilla «Salga y corte los vientos», etc. da lugar a los comentarios de las págs. 1139-1142. La 1143 es glosa de las escuetas palabras «Piedad. Clemencia». Cuando esta glosa queda agotada, unas nuevas palabras cantadas, «Ah de la guardia del templo... ¿Qué mandas, qué dices?» dan lugar al diálogo de las págs. 145-8; en esta última se canta la copla de romance «Pues para darle a María», etc. que genera los comentarios de la pág. 1149. En la 1150 se canta el *Ave maris stella*, de dos en dos versos, como respuesta a la traducción de este himno recitado por el Peregrino. Entre los estribillos (tonos o exclamaciones) que se repiten mayor número de veces pueden citarse: «No puede Amor / hacer mi dicha mayor» que se canta 10 veces en *La púrpura de la rosa*. También 10 veces se repite el estribillo «Teman, teman los mortales», etc., de *La fiera, el rayo y la piedra*, I, 1605. El mismo número de veces se canta «Ay mísero de ti» en *El jardín de Falerina*, II, 1908. En *El divino Orfeo* (III, 1835), se canta 13 veces el estribillo «Ya que el día del Señor», etc. También 13 veces se repite el «Venid, mortales, venid» del *Sacro Parnaso*, III, 777. Acaba el auto con la repetición de la copla citada:

Pues para darle a María / puesto en ella el pensamiento,
todos nuestros corazones / en nuestras manos tenemos.

En cuanto a los dramas y comedias no podría afirmarse que estén estructurados en función de lo que se canta, pero sí debe decirse que en muchos dramas y comedias es tal la cantidad de intervenciones musicales que la música constituye una parte muy importante de la obra y que Calderón no permitiría su representación prescindiendo de ella. Recomendamos al lector que vea por sí mismo la cantidad de música que hay en obras como *Los tres afectos de amor, La fiera, el rayo y la piedra, El laurel de*

*Apolo, Eco y Narciso, El hijo del sol, Faetón, Ni amor se libra de amor,
La estatua de Prometeo, el Jardín de Falerina* y otras como *Celos del aire
matan, La púrpura de la rosa* y *Egloga piscatoria* que todas son cantadas.
Yo aquí, a guisa del ejemplo, haré un somero análisis de las dos primeras
citadas.

Los tres afectos de amor. Jornada I.ª. Empieza la obra con esta acotación: «Salen cantando Clori, Laura y Nise, cada una por su puerta, su copla». Cantan seis coplas, dos cada una, del romance «En el regazo de Venus», cantando las tres juntas una séptima copla. Algo más adelante cantan
todas a Venus los versos «A la madre del amor», etc. Cuatro veces intervienen las chirimías y se hacen dos salvas. (La salva implica toque de cajas
y trompetas, voces y en algunas ocasiones tiros y morteretes.)

Jornada II.ª. Cantan cinco damas, primero por separado y después todas juntas, los versos «¿Quién amor sabrá decir», etc. A continuación un
coro de músicos dentro responde a las nuevas intervenciones cantadas de
las damas que ahora son seis, cantando seis veces el estribillo «de amor el
más noble peligro es ver», etc. «Suenan los instrumentos» hasta enlazar
con el mencionado estribillo. Cantan cinco veces, a manera de estribillo, la
exclamación «La gala de Venus viva! ¡Viva la gala!».

Jornada III.ª. Haciendo un derroche de conocimiento de tonos humanos, Laura canta en una sola escena seis canciones y romances tradicionales,
algunos de los cuales se han conservado con su música:

1) *Sólo el silencio es testigo...*
2) *Despeñada fuentecilla»...*
3) *Despeñado un arroyuelo...*
4) *Guarda corderos zagala...*
5) *Era el remedio olvidar...*
6) *Aprended flores de mí...*

Antes de acabar «Descúbrese el templo de Venus, canta la Música y
habiéndose entrado por una puerta, salen por la otra las dos compañías con
toda la música». Dos coros cantan las coplas de «Los tres afectos de amor»
y finalmente la misma estatua de Venus canta los tres afectos: «Piedad,
Desmayo, Valor», repetidos por el Coro.

La fiera, el rayo y la piedra. En el mismo Reparto que encabeza el drama figuran Coro de Damas, Coro de villanos, Coro de Cíclopes, Coro de
Cupido, Coro de Anteros y Coro de Sirenas. Además, durante el desarrollo
de la acción cantan también, Clori, Lisi, Laura, Isbella, Cupido, Anteros y
otros.

Jornada I.ª. La primera intervención musical es un terceto de las tres
Parcas «cantando muy triste» estos versos: «Dolores de parto han sido»,

etc. Luego Clori, Lisi, Laura e Isbella cantan sendas coplas solas y las cuatro juntas el estribillo «¿Cuál es la dicha mayor de las fortunas de amor?». Más adelante interviene el Coro de Cíclopes que, a diversos trechos, cantan diez veces este estribillo:

«Teman, teman los mortales / que se labran
en el taller de los rayos / de Amor las armas».

Jornada II.ª. Cupido, en estilo recitativo, canta 47 versos y a continuación intervienen los músicos, cantando el tono «Ninguno llegue a ser yedra», etc. Un poco más adelante cantan este otro tono: «Es verdad que yo la vi / en el campo entre las flores», etc. La pieza ha gustado tanto a Anajarte que éste pide que se vuelva a cantar: «Letra y tono repetid». La jornada acaba cantando Anteros cuatro veces esta sentencia:

·Ama al que ama, Anajarte / hermoso y gentil,
que el amor no es defecto, no / y el olvido, sí.

Jornada III.ª. Tras un buen trecho solamente representado intervienen los Coros de Cupido y Anteros, cantando muchos versos. Luego «Salen los que puedan, Mujeres y Hombres, cantando y bailando, con instrumentos diferentes». La Música canta dentro «¡Muera el amor vendado y ciego!» y con este canto empieza la Máscara, o mascarada, con que termina la obra. Calderón mismo escribió el texto de la mascarada que empieza con esta acotación extremadamente significativa para subrayar la importancia de la música: «Aquí se descubre la máscara repartida en dos coros de música de siete voces cada uno; cada uno cuatro mujeres y tres hombres; y en una tropa de doce mujeres, que son las que han de danzar». Todo el texto —cuatro columnas de versos— es cantado. Con decir que toda la función duró siete horas, está dicho todo.

CAPITULO VII

1. *Tonos y Letras*

Los Tonos tienen una importancia capital en el teatro de Calderón. El «tono» es la composición típica y representativa de la música profana española del siglo XVII, por cuya razón a veces se le llama «tono humano». Cuando la composición utiliza un texto en lengua vernácula de tema religioso, se le da el nombre de «villancico» a secas, más raramente «tono a lo divino». Los tonos pueden ser a solo y acompañamiento o a varias voces, con preferencia a 4. Los tonos a solo presentan la forma musical del aire o canción que equivale al «aria» de la cantata primitiva. Son melodías sencillas, cortas y expresivas, a veces con estribillo, que se acompañaban generalmente con arpa, guitarra o laúd. Entre otros compositores de tonos fueron famosos J. Hidalgo, S. Durón, J. Navas, J. Marín y J. Serqueira de Lima.[1]

Los tonos polifónicos presentan la forma musical del villancico, cuando su letra es un villancico o un romance con estribillo, que es lo más corriente.[2] Otras veces están formados por una sola «copla aislada» o canción breve que el dramaturgo la hace repetir la mayor parte de veces en función de estribillo. Estas coplas polifónicas son también conocidas con el nombre de «cuatro». Todo el voluminoso manuscrito de la Biblioteca Nacional de Madrid que lleva por título *Libro de Tonos Humanos* y el Cancionero de Munich, más conocido como *Cancionero Poético-Musical de*

---

1. Cf. M. QUEROL, *Tonos Humanos del siglo XVII* (Madrid).
2. Véase M. QUEROL, *El romance polifónico en el siglo XVII*, en Anuario Musical, X, 1955.

Claudio de la Sablonara [3] son las dos más célebres colecciones antológicas de tonos y muchos de ellos son cantados en las obras de los dramaturgos del siglo XVII. Entre sus autores de mayor renombre cabe citar, Mateo Ronaro, alias Capitán, J. Blas, G. Díaz, Juan Pujol, M. Correa, B. Murillo y M. Machado. En el teatro de Calderón se canta una infinidad de tonos. Casi todas las letras cuyo título figura en el número dos de este capítulo son Tonos Humanos, algunos de los cuales he podido identificar con su música.

Con frecuencia los tonos son comentados en la misma escena en que se cantan. Así en *La cisma de Ingalaterra* (I, 154) dice Juana: «cantaré un tono, aunque antiguo, por ser la letra extremada». La letra del tono es ésta:

En un infierno los dos / gloria habemos de tener:
vos, en verme padecer, y yo en ver que los veis vos.

Después de escucharlo exclama entusiasmado el Rey: «¡Extremado tono y letra!».

Calderón procura siempre que cada tono sea la expresión lírica de la escena en que se canta: por ello, en *Las fortunas de Andrómeda y Perseo* (I, 1654) después que las Damas cantan «*Ya no les pienso pedir —más lágrimas a mis ojos*», dice Danae: «Bien a la fortuna mía —corresponden letra y tono». De parecida manera en *Darlo todo y no dar nada* (I, 1029) dice Chichón:

No conforman tono y letra
mal a su estado, pues son
de Cenobia la prisión.

En *Conde Lucanor*, después que los músicos cantan el tono *Compitiendo con las selvas*, etc. como sea que su música no va bien con el estado de ánimo de Casimiro, dice éste al músico: «Más al propósito mío —de tono y de letra muda». Entonces los músicos cantan:

¡Ay loca esperanza vana! / ¡Cuántos días ha que estoy
engañando el día de hoy / y esperando el de mañana! [4]

Casimiro lo agradece y manifiesta que «Más dese tono conviene la letra con mi deseo». Más adelante Rosimunda pide a Flora «algún tono» para alegrarle y responde Flora:

3. Véase descripción en H. ANGLÉS- J. SUBIRÁ, *Catálogo Musical de la Bibl. Nac. de* 1970).
Madrid, vol. I (Barcelona, 1946) y M. QUEROL, *Música Barroca Española*, I (Barcelona,
4. Su música conservada en el *Cancionero de Olot* ha sido publicada por mí mismo en *Teatro Musical de Calderón*.

Sí haré, / tan nuevo que hoy le estudié:
Vuela pensamiento mío, / vuela sin temer osado,
los desaires de un desvío / pues yo a volver desairado
es sólo a lo que te envío.

Según la respuesta de Flora a Rosimunda el autor de la Letra es el Conde Lucanor. En *El acaso y el error* (II, 715) los músicos cantan:

Yo quiero bien
mas no he de decir a quien.

Escuchada la música dice Flora:

Parece que adrede quiso
quien tono y letra escribió,
satirizar mis delirios.

A veces Calderón nos informa acerca de canciones que fueron famosas en su tiempo. Así en *El alcalde de sí mismo* (II, 829) Roberto pide a los músicos que canten, mientras el Rey se viste y dice un músico:

Vaya aquel tono,
cuya letra es peregrina.

A lo que responde el alegre Benito:

decid a esos músicos que gritan, / que dejen esos entonos,
y canten, por vida mía, / una letra que agora
me acuerdo que se decía:
Luneta,
átala allá de la sonsoneta.
ROBERTO - ¿Eso había de cantar?
BENITO - Esta es la mejor letrilla
de todas: ésta cantaba
yo, cuando a los montes iba
a trabajar con Antona.

En la Loa para *El viático cordero* (III, 1158) da a entender que la gente buscaba el conocer nuevos tonos, por lo que dice la Hora 9.ª:

¿La música no es la cosa / que más agrada y delcita?
Como *el tono sea nuevo*, / ella cada día no es nueva
y se canta a una guitarra / misma... Pues, haz cuenta
que a nuevo tono no importa que / la guitarra sea vieja.

En alguna ocasión Calderón da a entender que algunos personajes de sus comedias conocían muchos tonos. Por ej. en *Amado y aborrecido* (I, 1709) el Rey quiere que la música ponga paz en las rencillas y envidias de los cortesanos por lo que dice Clori:

> ¿Por qué tono empezaremos?
> FLORA - Sea el de aquella letrilla
> que por grave o triste suele
> ser de más agrado a Aminta.

En *Manos blancas no ofenden* (II, 1087) dice la Dama 2.ª: «¿Qué tono, Flora, diremos?». La Dama 1.ª le responde que el de Aquiles y Deidamia,

> pues, su letra otras veces es
> la que más gusto le da.

En *Leónido y Marfisa* (II, 2116) ésta invita a su comitiva a que vayan con ella a divertirse en la playa; y dícele la Dama 1.ª: «Cantando, porque más gustosa vayas, te seguiremos». Responde Marfisa: «Pues sea el tono que más me agrada». En esta ocasión cantan *Viendo amor en un jardín*, etc. Aunque los tonos en general son muy líricos, algunas veces, por excepción son cómicos. Tal es el que se canta al comienzo de la tercera jornada de *El postrer duelo de España* (I, 1296-97) y que constituye el centro de las dos primeras escenas de dicha jornada:

> BENITO - *Salieron a reñir dos caballeros,*
> *cayósele la espada al uno de ellos.*
> GINÉS - ¡Oíga el villano y cuál canta / al compás de su jumento!
> Por vida tuya, señor, / escuchéis aquel *tonillo*
> de un rudo villano de esos... / que no dudo que te dé
> el oírle gran contento, / pues dice así y a su burro
> entre regaños y acentos: / *Salieron a reñir dos caballeros,*
> *cayósele la espada a uno de ellos.*

Aun siendo serios los tonos, muchas veces son cantados para aliviar precisamente las penas. Así D.ª Mencía ruega a Teodora que divierta con dulces voces su tristeza y Teodora le dice: «Holgareme que de letra y tono gustes». Y a continuación canta este tono,

> Ruiseñor que con tu canto / alegras este recinto,
> no te asustes tan aprisa, / que me das pena y martirio.
> VICENTE - No cantes más que parece
> que ya el sueño al alma infunde / sosiego y descanso.
> (*El médico de su honra*, I, 328)

Y en *Las cadenas del demonio* (I, 655) Flora canta el tono

> Sin mí sin vos y sin Dios / triste y confusa me veo:
> sin mí, porque estoy en vos, / sin vos, porque no os poseo.

Con el canto de este precioso tono las penas de Licanoro quedan aliviadas, como da a entender diciendo:

> Bien letra y tono parece
> que compuso mi dolor. .

El sentido de estos versos es de que el tono compuso, o sea, alivió el dolor, no que el dolor compuso el tono.

2. *Principales tonos que se cantan en las obras de Calderón, anotando los conservados con su música*

En 1964 dos ilustres hispanistas ingleses, E. M. Wilson y J. Sage publicaron en la editora Tamesis Books Limited de Londres un libro, impreso en Madrid, titulado *Poesías líricas en las obras dramáticas de Calderón*. En él los autores rastrean las poesías, versos sueltos y expresiones de otros autores introducidos y glosados por Calderón en su teatro, haciendo alarde de sus conocimientos de literatura española. Esta obra que me ha sido de gran utilidad, y en la que soy citado varias veces, intenta principalmente el estudio de las fuentes literarias y sus variantes. Yo, por lo contrario, para no romper el equilibrio de esta monografía dedicada al estudio del elemento musical en Calderón, daré aquí solamente el primer verso o incipit de los textos de los principales tonos que son cantados, anotando aquellos cuya música se ha conservado, siendo ésta mi principal aportación a este capítulo de los Tonos. Recordemos una vez más que los Tonos pueden ser, literariamente hablando, romances, canciones, estribillos, seguidillas, etc. «Acción lograda en el susto» ...Se canta en *Basta callar*, II, 1722. Su música se ha conservado en el Ms. de N.ª Sra. de la Novena y ha sido publicada por M. Querol en *Teatro Musical de Calderón* (Barcelona, 1981). En la escena César reconoce que la música y letra de este tono cuadran exactamente a su estado de ánimo, diciendo:

> Sin duda que por mí, sí / letra y tono se escribió,
> pues tan al alma me habló / de lo que pasa por mí.

Ya antes, p. 1721, Flora anunciaba la audición de un «tono y letra nueva» que gustaría mucho por ser su autor el cortesano más estimado entonces en España. ¿Se referiría al propio Calderón?

«Al campo te desafía / la Colmeneruela» ... Se canta en *Dicha y des-*

dicha del nombre, II, 1835. Existía un «Baile de la Colmeneruela» cuyo texto publica Cotarelo en *Colección de entremeses...*, pág. 482.

«A la conquista de Tanger» ... *El príncipe Constante*, I, 265.

«A la gaita hace a la luna» ... *El verdadero Dios Pan.*

«Al esquilmo, ganaderos» ... *Los cabellos de Absalón*, I, 845.

«Al esquilmo, al esquilmo, zagales» ... Se canta y baila en *Primero y Segundo Isaac*, III, 809, y su música ha sido publicada por M. QUEROL, *ob. cit.* Existe también otra versión del P. Antonio Soler.

«Al despedirse de Anarda» ... *Nadie fíe su secreto*, II, 105.

«Al festejo, al festejo, zagales» ... Se canta en *La estatua de Prometeo*. Existe una versión musical a 4 v. de J. Hidalgo en Ms. M. 3880/43 de la Bibl. Nac. de Madrid.

«A los jardines de Chipre» ... *El postrer duelo*, I, 1280.

«Amor me dice que sí» ... *Para vencer amor,* II, 532.

«Amor, amor, tu rigor» ... *La banda y la flor*, II, 447. Publicada su música por M. Querol, *ob. cit.*, pág. 147.

«A nadie puede ofender / Querer por solo querer». Se canta en *Agradecer y no amar*, II, 1383-84. Su música publicada por M. QUEROL, *ob. cit.*, pág. 170.

«A Nise adoro y aunque» ... *Darlo todo y no dar nada*, I, 1046. Su música fue publicada por F. Pedrell en *Teatro Lírico Español*, t. III.

«Aprended flores de mí» ... Se canta en *Los tres afectos de amor*, I, 1217 y en *La cisma de Ingalaterra*, I, 167, donde pone la copla entera:

> Aprended flores de mí / lo que va de ayer a hoy,
> que ayer maravilla fui / y hoy sombra mia aún no soy.

Estos cuatro versos son el estribillo de una famosa letrilla de Góngora (ed. Mille, 195). Hay la diferencia de que Calderón usa siempre «de mí», mientras las versiones literarias dicen «en mí». Pero existe un romance cuyo estribillo dice:

> Aprended flores de mí / pues que en espacio de un día
> breves nascéis y morís.

No puede descartarse que Calderón conociera este romance cuya música está en el Ms. 235 de la Universidad de Coimbra y fue publicado por M. QUEROL, *Cancionero musical de Góngora* (Barcelona, 1975).

«Aquel prodigio de Tebas» ... *Manos blancas*, II, 1109.

«Aquel tu desdén severo» ... *El José de las mujeres*, I, 915.

«Arded, corazón, arded» ... Se canta en *Gustos y disgustos*, II, 978. Su música nos ha sido conservada en dos versiones para canto y vihuela:

L. DE NARVÁEZ, *Los seys libros del Delphin*. Valladolid, 1538, ed. moderna por E. PUJOL, Barcelona, 1945, pág. 81; E. DE VALLDERRÁBANO, *Silva de Sirenas* (Valladolid, 1547), ed. por E. PUJOL, 1965, vol. I, p. 38. Una tercera versión se da en *Cancionero Mus. de Palacio*, ed. H. ANGLÉS, vol. I, núm. 96. Aunque con profundas transformaciones puede observarse que las tres versiones dimanan de una fuente común, tradicional o popular.

«Ardo y lloro sin sosiego» ... *Agradecer y no amar*, II, 1388. El Ms. de N.ª Sra. de la Novena en la pág. 91, en que hay música para la citada comedia, escribe en el margen derecho: «Ardo y lloro vapor escollo», a cuyas palabras sigue una doble barra con puntos equivalente a etc. Es evidente que se trataba de una notable variante del texto de este tono. Por otra parte los versos citados por Calderón

Ardo y lloro sin sosiego / llorando y ardiendo tanto
que ni el fuego apaga el llanto / ni el llanto apaga el fuego,

pueden cantarse perfectamente con la música del texto «El que adora en confianza», perteneciente a la nombrada comedia.

«Aunque en triste cautiverio» ... *Amar después de la muerte*, I, 351.

«Ay cómo gime, mas ay como suena» ... *En esta vida todo...* I, 1129-31.

«Ay que me muero» ... Loa de *Psiquis y Cupido*, III, 343.

«Ay loca esperanza vana» ... Se canta en *Conde Lucanor*, II, 1964. Aunque esta copla se halla también en el Libro II de *Pastores de Belén* de Lope de Vega, es sin duda una copla tradicional. La música está en el Ms. de la Novena y ha sido publicado por M. QUEROL, *ob. cit.*, pág. 6.

«Ay mísero de ti». *El Jardín de Falerina*, II, 1908. Música en Pedrell, *Catàlech* II, pág. 291.

«Ay verdades que en amor» ... Este tono se canta en *Conde Lucanor*, II, 1981. La letra es de Lope de Vega quien la hace cantar en *La Filomena* (Cf. M. BLECUA, *Lope de Vega. Obras Poéticas*, I, Barcelona, 1961). La música ha sido publicada por M. QUEROL, *ob. cit.*, pág. 7.

«Ay que me vo, que me vo» ... *El hijo del sol, Faetón*, I, 1898.

«Canario a bona arroisasá» ... *El gran mercado del mundo*, III, 240. Es el estribillo de la danza cantada del Canario. Para su descripción y fuentes musicales véase M. QUEROL, *La música en las obras de Cervantes* (Barcelona, 1948) págs. 99-101.

«Cantarico que vas a la fuente» ... Preciosa tonada lírica que se canta en *Primero y Segundo Isaac*, III, 814. Su música del Ms. de la Novena la publica M. QUEROL, *ob. cit*. Dos versiones musicales más se conservan en Hispano-América: una de J. Hidalgo a 5 v. en el archivo musical de la catedral de Bogotá, y otra a 4 v. de T. Torrejón de Velasco en la catedral de Guatemala. (Cf. R. STEVENSON, *Renaissance and Baroque Musical Sources in the Americas*, Washington, 1980) págs. 19 y 101. Todavía existe una cuarta versión con música de A. Soler en el Ms. 121-15 del archivo mus. de El Escorial, la cual en partitura moderna, transcrita por A. Muñiz, puede verse en la Fundación Juan March.

«Centinela, centinela» ... *La Iglesia sitiada*, I, 48. Es el famoso Romance del Rey don Sancho acomodado al mencionado auto sacramental. Su música, por cierto muy expresiva, conservada por Pisador en su *Libro de Música de Vihuela* (Salamanca, 1552) publicada por PEDRELL en su *Canc. Pop. Español*, vol. III, pág. 143, se adapta a la perfección al romance de Calderón.

«Cesen, cesen rigores». *El jardín de Falerina*, II, 1905. Música en Pedrell, *Catàlech*, II, pág. 289.

«Compitiendo con las selvas». Es un romance por el que Calderón siente una verdadera debilidad. Lo hace cantar en *Los Encantos de la culpa*, III, 417, *El valle de la Zarzuela*, III, 706, Loa para *La piel de Gedeón*, III, 515, y *Conde Lucanor*, II, 1963, y lo glosa, sin cantar, en otras varias obras. Afortunadamente se ha conservado una versión musical en el Ms. de la Novena, publicada por M. QUEROL, *ob. cit.*, pág. 5.

«Condición y retrato» ... Seguidilla que se canta en *Darlo todo...* I, 1049, cuya música publicó Pedrell, *Teatro Lírico Español*, vol. III.

«Coronado de trofeos» ... Cuarteta de romance que se canta en *La hija del aire*, I, 715, cuya música conservada por el Ms. de la Novena ha sido publicada por M. QUEROL, *ob. cit.*, pág. 181.

«Cuatro eses ha de tener amor» ... Este tono se canta cuatro veces en el comienzo de la jornada III de *Ni amor se libra de amor*, I, 1968. Con música de J. Hidalgo, aunque figura anónimo, se ha conservado en el Ms. de la Novena y publicado por M. QUEROL, *ob. cit.*, pág. 82. La misma versión de Hidalgo, procedente de otro manuscrito hoy perdido, fue transcrita por PEDRELL, *Teatro Lírico*, vols. IV-V. Existe una tercera versión anónima en el Ms. 157-18 del archivo mus. de El Escorial. Existe una Loa para el auto sacramental, así titulado, *Ni amor se libra de amor*, con música del padre A. Soler en el Ms. 102-7 del archivo mus. de El Escorial. Pero el resultado del estudio y transcripción de este auto es que se trata de una versión abreviada del drama del mismo nombre.

«Cuatro o seis desnudos hombros» ... Es un romance de Góngora (número 70 de la ed. de Mille) del que se cantan, a dos coros, seis coplas en *El hijo del sol, Faetón*. No se conoce música escrita para el mismo. Pero cabe recordar que, tratándose de romances, siempre existe la posibilidad de aplicarle la música de otro romance.

«De las tristezas de Amón» ... *Los cabellos de Absalón*, I, 838.

«De los desdenes de Gila» ... *El encanto sin encanto*, II, 1578. Parece que el origen de estas coplas viene del estribillo de un conocido y famoso «tono humano» puesto en música por M. Correa, cuya voz de tiple, así como el texto nos han sido conservados en el *Cancionero de Onteniente* (1645) fol. 71 que dice así:

> De las mudanzas de Gila / qué enfermo que anda Pascual.
> ¿Cómo ha de sanar, si es élla / la cura y la enfermedad?

A. Moreto hace cantar esta copla en *El defensor de su agravio*, gracias a lo cual, tenemos una versión musical del P. Soler a 4 v. con violines y acompañamiento en el Ms. 116-10 de El Escorial y puede verse en partitura moderna por A. Muñiz en la Fundación March. Tanto Calderón como Moreto emplean la palabra «Desdén» en lugar de «Mudanzas». Moreto nos legó otra versión en *La vida de San Alejo*, con música anónima del siglo XVII, publicada por Pedrell *Teatro Lírico*, III.

«Despeñada fuentecilla». Se canta en *Los tres afectos de amor*, I, 217, *El acaso y el error*, II, 725, y *Dicha y desdicha del nombre*, II, 1835. De este romance dice Cotarelo, *Colección de Entremeses*, pág. 517, nota, que fue «vulgarísimo entonces por haber recibido música diferentes veces». Lamento decir que no he tenido la suerte de encontrar ninguna versión musical.

«Despeñado un arroyuelo» ... *Los tres afectos de amor*, I, 1217-18.

«Dónde vas el hombre humano» ... *El gran Duque de Gandía*, III, 107.

«El que adora en confianza», véase «A nadie puede ofender».

«En los ojos de María» ... III, 926. La música de este lírico romance, para voz solista y acompañamiento, ha sido publicada por M. QUEROL, *ob. cit.*, pág. 108. Calderón convirtió «a lo divino» el romance original cambiando el nombre de Amarilis por el de Maria. En el n.º 113 del *Cancionero de Ajuda* del siglo XVII se halla una composición a cuatro voces de la versión profana que dice:

> En los ojos de Amarilis / madrugaba un claro sol
> que no se atrevió a salir / sin licencia de los dos.

«En el pozo está el tesoro» ... *La Virgen del Sagrario*, I, 596.

«En el cristal de una fuente» ... *El veneno y la triaca*, III, 183.

«El que adora imposibles» ... *Fortunas de Andrómeda*, I, 1655.

«En el regazo de Venus». Véase «Sobre el regazo de Venus».

«En la tarde alegre / del señor San Juan, *El encanto sin encanto*, III, 1577.

«En un infierno los dos» ... *La cisma de Ingalaterra*, I, 154. De esta canción dice Juana, antes de cantarla: «Contaré un tono, aunque antiguo, por ser la letra extremada».

«En repúblicas de amor» ... *Darlo todo*, I, 1061. Su música en PE-
DRELL, *Teatro Lírico*, III.

«En una guardada torre». De este romance que se canta en *Auristela y
Lisidante*, II, 2036, se conserva una versión musical del P. Soler en el
Ms. 100-7 de El Escorial y otra de anónimo, algo más antigua, en el Ms.
157-21 del mismo archivo escurialense.

«En un pastoral albergue» ... Este famoso romance de Góngora está
glosado por Calderón en *La púrpura de la rosa*, obra toda ella cantada. Se
ha conservado una versión musical de T. Torrejón de Velasco en la Biblioteca Nacional de Lima que ha sido publicada por R. STEVENSON, *Foundations of New World Opera* (Lima, 1973). Reuniendo los versos glosados
resulta bien el romance gongorino, literariamente hablando, pero la música
que los acompaña si se reúnen los versos diseminados en la glosa, no tiene
sentido, porque éste depende de su conjunción con los otros versos que no
son de Góngora, sino de Calderón. Por esta razón no pude incluir la música de este romance en mi *Cancionero Musical de Góngora* (1975).

«Era el remedio olvidar». *Los tres afectos de amor*, I, 1217. Música
publicada por M. Querol en *Romances y Letras a tres voces* (Barcelona,
1956) n.º 49.

«Escollo armado de yedra» ... Cantado en *Darlo todo*, I, 1057, y *Leónido y Marfisa*, II, 2104, y glosado en otras varias. PEDRELL, *Teatro Lírico*, III, publicó su música.

«Es el engaño traidor» ... Se canta en *Eco y Narciso*, I, 1917 y *Mujer
llora y vence*rás, II, 1428. Aunque el Ms. de la Novena contiene varios
números de música para ambas obras, no la hay para esta canción, lo que
indica que se cantaría con la música de otra tonada que la compañía tendría en su repertorio.

«Esta Niña celestial / de los cielos escogida / es la sola concebida /
sin pecado original». Es claro que esta copla que se canta en *La hidalga del
valle*, III, 126, está calcada sobre esta otra de Miguel Cid:

> Todo el mundo en general / a voces Reina escogida,
> diga que sois concebida / sin pecado original.

Esta copla fue puesta en música por Bernardo de Toro (1570-1643), popu-
larísima en Sevilla, se esparció por toda España, siendo varios los «Gozos»
populares que todavía se cantan en diferentes santuarios marianos o ermitas
con esta tonada, cuya melodía y armonización básica nos fue conservada
por F. Correa de Arauxo en su *Libro de Tientos* (Alcalá, 1626), ed. moderna de S. KASTNER, vol. II (Barcelona, 1952), n.º LXVIII-IX. Véase
también M. QUEROL, *Pregó de Festa Major* (Ulldecona, 1977).

«Esto que me abrasa el pecho» ... Se canta en *Fieras afemina amor*,

I, 2059-60. Es una poesía de Lope de Vega que se canta en *La Arcadia* (ed. Aguilar, II, pág. 1269).

«En el cristal de una fuente» ... *El veneno y la triaca*, III, 188.

«Es verdad que yo la vi / en el campo entre las flores». Se canta este tono en *La fiera, el rayo y la piedra*, I, 1619. Su música la trae el *Cancionero de Olot*, fol. 67ᵛ-69 y es del célebre compositor J. Pujol. Calderón hace cantar solamente los cinco versos que en la versión de Pujol constituyen el estribillo. Por el indudable interés que esta versión pueda tener para los literatcs, pongo también el texto de las coplas con música del Cancionero de Olot:

> Es verdad que la oý / en el campo entre las flores
> quando Celia dixo ansí / *Ai que me muero, señores, tengan lástima de mí.*
> Amava una pastorcilla / un (muy) discreto pastor
> (pero matole de amor: / Ved qué notable mancilla.
> Llorava toda la villa / sus penas y sus favores
> los zagales y pastores / de oilla decir ansí:
> *¡Ay que me muero de amores, / tengan compasión de mí!*
> Tengan todos compasión / de mi desdichada suerte,
> de mi vida y de mi muerte, / pues tan parecidas son.
> Y si merecen perdón / yerros y culpas majores,
> los que hicieron por amores / lloren el bien que perdí.
> *¡Ay que me muero señores, / tengan lástima de mí!*

«Fatigada navecilla». Romance que se canta en *Céfalo y Pocris*, BAE, tomo XII, 490. Con música del maestro Capitán se encuentra en el Cancionero de Munich, fol. 34. Publicada por J. AROCA, *Cancionero Musical y Poético del s. XVIII* (Madrid, 1916).

«Fatigas del bosque umbroso» ... *Apolo y Climene*, I, 1838.

«Fuese Bras de la cabaña». Se canta en el *Baile de los zagales*. (Cf. WILSON-SAGE, *Poesías líricas en las obras dramáticas de Calderón* (1964). Se ha conservado una versión musical para dos voces de Alvaro de los Ríos en el Cancionero de Munich, fol. 81.

«Francelisa, Francelisa», *Mujer llora y vencerás*, II, 1436.

«Guarda corderos, zagala». Popular romance de Góngora que se canta en *Los tres afectos de amor*, I, 1217, *Fieras afemina amor*, I, 2055, *El pastor Fido*, III, 1594, y *El maestro de danzar*, II, 1555. Se conocen tres versiones musicales diferentes: Cancionero de la Casanatense, fol. 70ᵛ con música de Capitán; Cancionero de Coimbra-B, fol. 125ᵛ de compositor anónimo, y la voz del tiple de la versión de M. Correa en Cancionero de Onteniente. Las tres versiones han sido publicadas por M. QUEROL, *Cancionero Mus. de Góngora* (Barcelona, 1975).

«La divina Mariene». *El mayor monstruo del mundo*, I, 458. Música en M. QUEROL, *ob. cit.*, pág. 167.

«Fuego de Dios en el querer bien». Es el estribillo de «Si en los que quieren bien».

«Las glorias de amor». Eco y Narciso, I, 1937. Música en M. Querol, ob. cit., pág. 63.

«Las flores del romero». Romance de Góngora. El alcalde de Zalamea, 5, 553.

«Los casos dificultosos». Letrilla atribuida a Quevedo. Se canta en El hijo del sol, Faetón, I, 1872. Su música publicada por M. Querol, Romances y Letras de a tres (Barcelona, 1965).

«Los ojos que dan enojos». En esta vida todo es verdad, I, 1138.

«Luneta, átala allá de la sonsoneta». El alcalde de sí mismo, II, 829.

«Malograda fuentecilla». Vide «Despeñada fuentecilla».

«Mañanicas floridas». Se canta en Mañanas de abril y mayo, II, 574. La letra es de Lope de Vega, El cardenal de Belén, ed. Real Acad. Esp. t. IV, 181, y su música ha sido publicada por M. Querol, Romances y Letras de a tres voces, n.º 21, aplicada a la letra «Soberana María» y por J. Bal, Treinta canciones de Lope de Vega (Madrid, 1935).

«Morena soy, pero hermosa». Se canta en La sibila de Oriente, I, 1173, y El árbol del mejor fruto, III, 1001. Su música publicada por M. Querol, M. Querol, ob. cit., pág. 94. Con música de Torrejón de Velasco en La púrpura de la rosa, publicada por R. Stevenson, Foundations of New World Opera. (Lima, 1973) pág. 256 y ss.

«No puede amor hacer mi dicha mayor». Se canta en Apolo y Climene, I, 1856, Las armas de la hermosura, I, 941, y La púrpura de la rosa, I, 1777. Existe una versión monódica de J. Marín en el Ms. M. 381/30 de la B. N. de Madrid y otra a 4 v. en el Ms. de la Novena, publicada por M. Querol, ob. cit., pág. 94.

«No es menester que digáis», Amar después de la muerte, I, 366.

«Ojos eran fugitivos». Romance de Góngora que Calderón hace cantar en El monstruo de los jardines, I, 2010. Su música, conservada en el Ms. de la Novena fue publicada por M. Querol, Cancionero Mus. de Góngora.

«Para Consuegra camina», El médico de su honra, I, 345.

«Para qué es amor tirano». Se canta en Las cadenas del demonio, I, 671, y El pintor de su deshonra, I, 886. La letra es un romance del Conde de Villamediana.

«Pena ausencias no te den». La desdicha de la voz, II, 924. En la citada obra de Wilson-Sage, pág. 95 se dice: «Recogió J. B. Trend la música de este tono de un manuscrito que desconocemos. Véase Ms. MU-5-1958 del Fitzwilliam Museum, Cambridge.

«Pisa con tiento las flores». Se canta en Fortunas de Andrómeda, I, 1671, El divino Orfeo, III, 1848, y El laberinto del mundo, III, 1576.

«Pues el sol y el aire». Se canta en *Eco y Narciso*, I, 1922, y *Primero y Segundo Isaac*, III, 814.

«Quedito, pasito». Se canta en *Ni amor se libra de amor*, I, 1978. Es uno de los tonos más líricos del siglo XVII con música de J. Hidalgo. Su música fue publicada por PEDRELL, *Teatro Lírico*, IV, de un ms. hoy día perdido, y por R. MITJANA en *Encyclopédie de la Musique* de A. Lavignac (París, 1920). M. QUEROL, *loc. cit.*, pág. 87, la edita transcrita del Ms. de la Novena.

«Qué dolor, qué pena a ser» ... *La exaltación de la cruz*, I, 989.

«Que tapatán que esta varia alegría» ... *Mujer llora y vencerás*, II, 1435.

«Quién amor sabrá decir» ... *Los tres afectos de amor*, I, 1199-201. M. QUEROL, *ob. cit.*, publicada su música.

«Quien por cobardes respetos» ... *Basta callar*, II, 1745. La música de este tono ha sido publicada por M. QUEROL, *ob cit.*, pág. 8.

«Quiero y no saben que quiero», *El acaso y el error*, II, 714, y *Mujer llora*, II, 1434.

«Razón tienes corazón». Este precioso tono se canta en *Auristela y Lisidante*, II, 2029, y *El secreto a voces*, II, 1206. De Auristela hay música en el Ms. 157-21 de El Escorial, de autor anónimo. Otra versión musical del P. A. Soler en el Ms. 100-7, en partitura moderna transcrita por A. Muñiz, en la Fundación J. March. La versión polifónica de *El secreto* la publica M. QUEROL, *ob. cit.*, pág. 145.

«Reverencia os hace el alma», *El pintor de su deshonra*, I, 589, y *El jardín de Falerina*, II, 1896.

«Rosas deshojadas vierte». Romance de F. López de Zárate. Su música en *La púrpura de la rosa* de Torrejón de Velasco. La misma observación que «En un pastoral albergue».

«Ruiseñor que volando vas», *Los dos amantes del cielo*, I, 1077, y *Fieras afemina amor*, I, 2048. En el Ms. M. 3881/9 de la B. N. de Madrid, está con música de Juan del Vado.

«Ruiseñor que con tu canto», *El médico de su honra*, I, 328.

«Selvas y bosques del mundo». Famoso romance de Lope de Vega que Calderón hace cantar en *Las órdenes militares*, III, 1021. Se halla con música de anónimo en el Ms. 270 de El Escorial.

«Señor Gómez Arias», *La niña de Gómez Arias*, I, 824.

«Si acaso mis desvaríos», *Eco y Narciso*, I, 1917, y *Dicha y desdicha del nombre*, II, 1817.

«Si adoras a Atandra bella», *El secreto a voces*, II, 1207.

«Si en los que quieren bien», *Eco y Narciso*, I, 1929-30. Música publicada por M. QUEROL, *ob. cit.*, pág. 161. Véase también Cancionero de Turín, fol. 20ᵛ.

«Sin mí, sin Dios y sin vos», *Las cadenas del demonio*, I, 655.

«Si te agrada suspiros», *Judas Macabeo*, I, 12.

«Sobre el regazo de Venus», *Los tres afectos de amor*, I, 11841. Música en M. QUEROL, *ob. cit.*, pág. 56.

«Solo a un olvido mortal», *Los tres mayores prodigios*, I, 1571.

«Sobre los muros de Roma», *Darlo todo y no dar nada*, I, 1029. Su música publicada por PEDRELL, *Teatro Lírico*, III.

«Sale la estrella de Venus», *La púrpura de la rosa*, sólo dos versos.

«Solo el silencio testigo». Es este uno de los tonos por los que Calderón sintió gran afición. Lo hace cantar en *Darlo todo*, I, 1054, *Los tres afectos de amor*, I, 1217, *Eco y Narciso*, I, 1917, *El encanto sin encanto*, II, 1608, y *El mayor encanto amor*, I, 1523. PEDRELL, *Teatro lírico*, III, publicó la música.

«Veniu las miñonas». Baile cantado en *El pintor de su deshonra*, I, 888.

«Ven muerte tan escondida». Se canta en *Manos blancas no ofenden*, II, 1109, *Eco y Narciso*, I, 1917. Se conserva con música de A. Soler en el Ms. 116-10 del archivo de música de El Escorial, por salir en *El defensor de su agravio*, de Moreto, al que Soler puso algunos números de música.

«Vuela, pensamiento mío». Se canta en *Conde Lucanor*, II, 1968, y su música original de J. Peyró ha sido publicada por M. QUEROL, *ob. cit.*, pág. 7.

«Vestido salió de blanco», Loa para *La vacante general*, III.

«Ya no les pienso pedir / más lágrimas a mis ojos». Se canta en *Fortunas de Andrómeda*, I, 1654. Con música de J. Blas de Castro se halla en Cancionero de Munich, fol. 25 y publicola J. AROCA, *Cancionero poético y musical del siglo XVII*, n.° XXIV.

«Yo quiero bien / mas no he de decir a quién». Se canta en *El acaso y el error*, II, 716, y *La desdicha de la voz*, II, 942.

«Yo soy tiritiri tina», *El Alcalde de Zalamea*, I, 541.

CAPITULO VIII

1. Los instrumentos. 2. La caja y sus diferentes usos. 3. Cajas destempladas. 4. La trompeta bastarda. 5. Cajas y trompetas.

1. *Los instrumentos*

En la lectura de las obras de Calderón aparecen los siguientes instrumentos: Cajas, tambores, tamboril, gran tambor, atabales, atabalillos, timbal, adufe o pandero, castañetas, sonajas, campanas; chirimías, pífanos, clarines, gaita, trompetas, trompetas bastardas, trompa, trompa bastarda; arpa, guitarra, lira, salterio, órgano; violón, violoncillos y violines.

Pero además de las citas de instrumentos concretos, hay infinidad de acotaciones referentes al empleo de instrumentos en sentido genérico, sin especificar. Otras veces se refieren a un instrumento sólo, sin decir cuál es. He aquí algunos ejemplos:

1) «Sale toda la Compañía con guirnaldas y ramos y con instrumentos» (*Los tres mayores prodigios*, I, 1586).
2) «Salen los que puedan... mujeres y hombres, cantando y bailando, con instrumentos diferentes» (*La fiera, el rayo*, I, 1632).
3) «Salen los músicos con instrumentos» (*Amado y aborrecido*, I, 1709).
4) «Salen dos Damas con instrumentos» (*Manos blancas no ofenden*, II, 1087).
5) «Dentro instrumentos» (*Los tres afectos...*, I, 1193).
6) «Suenan los instrumentos» (id. 1202).
7) «En el jardín /.han tocado un instrumento... Escucha que al instrumento / acompaña alguna voz» (*Gustos y disgustos*, II, 978).
8) «Sale la Discreción con un instrumento y canta "Alaben al Señor de tierra y cielo", etc.» (*El gran teatro del mundo*, III, 211).

En el ej. 2) como se canta y se baila, es obligado el uso de guitarras como instrumento básico del baile, a las que añadirían otros instrumentos de fácil acarreo como algunas chirimías, clarines o trompetas y el pandero.

En el 3) los músicos cantan un «tono». Su acompañamiento más lógico es el formado por el arpa y chirimías, en defecto de violines. También podían entrar las guitarras.

En el 4) los versos que siguen a la acotación explican que las Damas cantan a César un «tono» afín con su estado de ánimo. Tal canción o tono es natural que fuese acompañado por un arpa, vihuela, laúd, cítara o tiorba.

En el 5) a continuación de «dentro instrumentos» sigue la acotación «Tocan chirimías y salen por una parte los hombres con Seleuco». En este caso está fuera de duda que los instrumentos que tocaban dentro eran las chirimías.

En el 6) por el contexto se deduce que los instrumentos tocan solos como música de fondo hasta enlazar con el canto de las palabras «de amor el más noble peligro». Como tocan mientras se recita, debían sonar más o menos piano, lo que se lograría con el grupo de violas o con el arpa y un instrumento solista como el violín, o el clarín.

En el 7) el instrumento en cuestión podía ser cualquiera de los citados en el ej. 4.

En el 8) el instrumento más obvio sería el salterio y en su defecto el arpa.

Veamos ahora los instrumentos más importantes y con más frecuencia requeridos por Calderón.

2. *La caja y sus diferentes usos*

Si Beethoven es el único compositor capaz de interesarnos toda una página de música con las diferentes figuraciones de un solo acorde, Calderón es el único dramaturgo capaz de mantener la atención y la tensión del asistente a su teatro con el único auxilio de la caja. En *El santo Rey don Fernando* (III, 1306-8) en sólo tres páginas hay 12 intervenciones de las cajas. Sus innumerables acotaciones revisten las siguientes expresiones: «caja», «la caja», «siempre la caja», «tocan cajas», «tocan la caja», «cajas y trompetas», «cajas y clarines». Sus usos son múltiples y la variedad de toques de caja, y trompeta o clarín que suenan en el teatro de Calderón solamente las podía conocer quien como él hubiese servido en el ejército. Naturalmente a cada toque corresponde un rítmico golpear diferente. En el *Libro de la Ordenanza de toques en Pífanos y Tambores que se tocan nuevamente en la Infantería Española compuestos por Don Manuel Espinosa* en 1761 y publicados por el P. Otaño en *Toques de Guerra del Ejército Español* (Burgos, 1939), se encuentran varios de dichos toques. Interpreto que los aludidos toques se han venido transmitiendo por tradición y que la palabra «compuestos» debe entenderse por transcritos o trasladados al pentagrama por Espinosa; y el sentido de las palabras «que se tocan nuevamente», es el de que se vuelven a tocar después de algún tiempo en que la tradición había sido interrumpida. Pero antes de citar algunos de los textos en que Calderón habla los diferentes instrumentos de percusión, creo conveniente, para la mejor interpretación de los mismos, dar antes una idea de dichos instrumentos.

En primer lugar las cajas a que se refieren las acotaciones del teatro de Calderón nada tienen que ver con la caja plana que hoy día se usa comúnmente en las bandas de música civil o municipal, sino que son los tambores de las bandas militares. La caja calderoniana es el tambor de guerra. Claramente nos lo explica Covarrubias en su *Tesoro de la Lengua Castellana* (Madrid, 1611): «Atambor de guerra o caxa... las caxas de atambores que hoy día se usan en la guerra, con dos hazes y un sonido que parece enciende los corazones de los soldados para pelear; de manera que las demás que tienen un haz serán atabales o ataballillos... Los ataballillos a cuyo son bailan en las aldeas con el sonido de las flautas, tamboriles».

«Atabal. Por otro nombre dicho atambor o caxa, por ser un caxa redonda, cubierta de una parte y de otra con pieles ras de bezerros, que comúnmente llamamos pergaminos, al son de los quales el campo se mueve, o marchando o peleando... También significa los instrumentos de regozijo que se tocan a los juegos de cañas y fiestas. Estos no tienen más que un haz y llévanlos en bestias... Con los atabales andan juntas las trompetas, como con los atambores los pífanos y uno y otro vocablo tienen un mesmo origen». Completemos ahora estas explicaciones de Covarrubias con lo que escribe J. Lamaña en el Diccionario de la Música Labor (Barcelona, 1954) aunque los artículos no van firmados: «Tambor. Instrumento de percusión formado con una caja cilíndrica de madera o metal, cerrada en cada extremidad por una membrana cuya tensión se regula mediante cuerdas colocadas al exterior de la caja, estando dispuestas dos a dos por aros móviles de arriba a abajo, para así acercarlas o distanciarlas mutuamente. Debajo del parche inferior están tendidos dos bordones que se apoyan en el mismo en toda la extensión de su diámetro; estas cuerdas que pueden regularse también más o menos tirantes, constituyen el timbre del instrumento. La membrana superior es la que se golpea mediante las baquetas, y la inferior vibra por resonancia, de modo que el conjunto de las dos membranas reunidas, suena a la octava del sonido que producirían las dos membranas por separado. Existen diferentes tipos y variedades de tambor: Caja, caja redoblante, etc.».

La «caja clara» prácticamente es el tambor antes descrito. En cambio la caja llamada redoblante es un «tambor más largo que los ordinarios, con caja de madera, usado en las bandas militares, y en las orquestas cuyo sonido es algo más profundo que el tambor corriente o caja clara. El redoblante no tiene bordones sobre el parche, y por ello la sonoridad es más velada y lúgubre.

En resumen podríamos decir que los tambores con bordones son las «cajas» a que alude Calderón; en cambio los tambores más grandes y sin bordones, y por tanto, desafinados o sin un tono preciso, serían las cajas destempladas o roncas.

Finalmente hay que mencionar también el Gran Tambor cuyos efectos eran parecidos al de nuestro bombo, razón por la que este instrumento es llamado «gran cassa» por los italianos y «grosse caisse» por los franceses, el cual era usado sin duda en la imitación de los truenos, tempestades y terremotos que tanto abundan en el teatro de Calderón, como veremos después.

Veamos ahora algunos textos relativos a diferentes usos de la caja:

Toque de marcha: «Tocan una caja a marchar» (*Judas Macabeo*, I, 14); «la caja déntro a marchar» (*El socorro general*, III, 321); «tocan cajas y salen marchando» (*Los hijos de la fortuna*, I, 1257); «tocan cajas a marchar (*La devoción de la Misa*, III, 246), etc.

Para enarbolar la bandera: «Tocan la caja y arbola la bandera» (*Judas Macabeo*, I, 15).

Toque de a rebato: «Las cajas a rebato» (*La aurora en Copacabana*, III, 1332). Según el Diccionario de la Academia «Rebato es el acometimiento repentino que se hace al enemigo».

Toque de asalto. Según se desprende de varios textos existía un toque especial de cajas y trompetas para indicar el preciso momento en que los soldados tenían que asaltar los muros o embestir al enemigo: En *El Segundo Escipión*, I, 1431, dice Lelio:

> Ea soldados, al muro / las escalas, que ya es tiempo
> y a embestir trompas y cajas / hagan señal.
> EGIDIO - Pues los ecos / de las cajas y las trompas
> ya en militares estruendos / nos avisan que están
> para el asalto dispuestos.

Y en *La piel de Gedeón*, III, 533, «Tocan cajas y trompetas y embisten».

Toque de retirada: «A retirar han tocado» (*El socorro general*, III, 332). «Tocan a retirarse» (*La piel de Gedeón*, III, 529).

Toque de fagina: «La caja a comer tocó» (*La vida es sueño*, III, 1383).

Toque del Avemaría: véase su descripción en «Toque ceremonial de duelo».

Para anunciar las salidas o entradas en escena de personajes: «A cada uno que sale se toca la caja» (*La exaltación de la cruz*, I, 1006).

Toque ceremonial de duelo entre personajes. En el drama *El postrer duelo de España*, I, 308-9, encontramos todo un ceremonial desplegado para un desafío entre dos grandes de España, Pedro y Jerónimo de Ansa, en presencia de Carlos V, en el cual son los toques de caja los que conducen la ceremonia. Creo de especial interés este ceremonial por cuanto puede ser útil para películas de argumento histórico o para representaciones teatrales. Para empezar el desafío ordena Carlos V: «Cumplid con la ceremonia». El Condestable se dirige a sus ordenanzas y les dice: «Haced la primera llamada. La segunda. La tercera. Y entren al son de su salva». Sigue la acotación: «Dan tres toques de cajas y trompetas y después de marchar, los caballeros hacen un paseo y reverencias». Después de jurar ante el Rey que los motivos del duelo son únicamente cuestión de honor, dice el Condestable: «Acompáñenles las cajas / y trompetas mientras vuelven / a sus tiendas de campaña». A estos verbos sigue la acotación «Tocan cajas y éntrase en las dos tiendas los combatientes, los padrinos y acompañamiento, cada uno con los suyos». Después de comprobar que las armas de ambos contendientes son iguales y de mirar que ninguno de los dos lleve alguna otra arma escondida que pudiera hacer la lucha en condiciones desiguales, regresan los jueces o «reyes de armas» al tablado. «Sale el Tambor Mayor con dos cajas delante y echan el bando». Este bando consiste en que nadie del público se mueva, ni grite ni hable, para no distraer a los duelistas. «Tocan cajas y sale de su tienda Don Pedro, armado, con sus padrinos y el Condestable sale de su asiento para reconocerle». Este reconocimiento de la persona se hace alzando «la sobrevista» o visera, para verle la cara. «Tocan otra vez y de la otra tienda sale armado Don Jerónimo con sus padrinos». El Condestable hace el mismo reconocimiento que hiciera antes con Don Pedro y convencido de que la lucha es por honor y no por venganza dice: «Tocad el Avemaría». Y dice la acotación «Híncanse todos de rodillas, toca la caja los nueve golpes de tres en tres y remata en rebato». Y acto seguido «Tocan arma y dase la batalla». Este pasaje nos revela que el ejército español, en alguna hora del día, rezaba el Avemaría y el momento de hacerlo era indicado por un toque especial de la caja que sería bien conocido en el ejército y que es el que acabamos de describir.

Toque a bando o pregón: «La caja a Bando», y dice Sísara: «oigan todas las fronteras / de Israel el bando en que / mueran todos». Los pregones o bandos se anunciaban con un toque de caja o ataballillo y comenzaban con las siguientes o parecidas palabras: «Vengan a noticia de cuantos» (*Mística y real Babilonia*, III, 1054). En *La redención de cautivos*, III, 1330, cantan los músicos «Atención al misterioso pregón» y «Sale la Gracia cantando:

Venga a noticia de cuantos / son, han sido y serán, etc.

Aunque se diga que la gracia canta el pregón, debe entenderse que lo recita cantando, como todos los pregones que hemos oído a lo largo de nuestra vida en los pueblos españoles. El hecho de que el pregón que hace la Gracia tenga 60 versos es una prueba de que su canto era recitado de una manera llana, excepto la anacrusa que acostumbra ser un intervalo de cuarta, al empezar un período y las cadencias con intervalo de quinta, intervalos que hacemos naturalmente cuando pronunciamos un discurso o un sermón y que la antigüedad exigía hacerlos con toda perfección a los oradores. Las palabras «Atención al misterioso pregón» se dicen también en *Andrómeda y Perseo*, III 1960. A veces usa la palabra «parche» en lugar de caja. Hasta nuestros días ha llegado la expresión «oído al parche» para pedir a los soldados pongan atención a las señales dadas por la caja. Así en *La piel de Gedeón*, III, 524,

> La gente del Jordán, mi gente, marche
> a las templadas cláusulas del parche.

Y en *El príncipe Constante*, I, 277.

> arrastrando las banderas / y destemplando los parches...

La superabundancia de las intervenciones de la caja es tal que inspiró esta copla de seguidilla en *El alcalde de Zalamea:*

> El amor del soldado / no es más de una hora,
> que en tocando la caja / y a Dios, señora.

3. *Cajas destempladas*

Las *cajas destempladas, roncas* o *sordas,* que de las tres maneras llama Calderón al tambor sin bordones, son utilizadas por el dramaturgo, cuando quiere impresionar de una manera patética e intervienen, casi siempre, en escenas fúnebres y de intenso dolor. Características de la caja destemplada son la profundidad retumbante del sonido y la sensación de lejanía. La primera característica está muy bien expresada en estos versos de *La Gran Cenobia*, I, 73, cuando dice:

> Pero ¿qué cajas enconden / su voz en profundos huecos
> y repetidas en ecos / se llaman y se responden?

La impresión de lejanía está afirmada en estos otros de *Conde Lucanor*, II 1995:

SOLDÁN - ¿Qué es esto? Escucháis, oís / sordas cajas que a lo lejos
parece que suenan?

El poder psicológico de las cajas destempladas queda realísticamente descrito en estas palabras de *La Exaltación de la Cruz*, I, 998-9:

Después de oír tocar por segunda vez cajas destempladas y preguntar Cósroas a Morlaco qué cosa es lo que oye, éste le responde:

Una cosa que suena / a truenos de la otra vida.

Por su parte Menardes le dice que la novedad es ésta:

El ejército de Heraclio / ... anticipando las nuevas
el ronco bastardo son / de cajas y trompetas,
que como pisando vienen / las oscuras sombras negras
de su muerte...
Otra vez, dioses divinos / destempladamente suenan.

Calderón nombra con frecuencia las cajas roncas o destempladas. He aquí algunos ejemplos entre los muchos. Ya en su primer drama *Judas Macabeo*, I, 27, tras la acotación «tocan cajas destempladas» dice Cloriquea:

¿Qué fúnebres rumores / o qué voces funestas
al pronunciar mi nombre / ofenden mis orejas?
Pero ¿quién con aplauso / en su muerte violenta
el ejército hace / funerales exequias?

Y en seguida otra acotación dice: «Salen Judas, Simeón y Jonatás al son de cajas destempladas y traen en hombros un ataúd».

En *La Sibila de Oriente*, I, 1176, «Suenan cajas destempladas, aparécese una mujer vestida de luto». En *Fortunas de Andrómeda*, I, 1674, «Salen todos los que pudieron al son de cajas destempladas y detrás Andrómeda vestida de luto». En *El mayor monstruo del mundo*, I, 470, «tocan cajas destempladas» mientras Octavio piensa en la muerte de su amada:

Mas ¡válgame el cielo! cuando / repito con tal tristeza
«muerta beldad» me responden / las cajas y las trompetas
bastardas.

«Tocan cajas roncas y sale el Pecado y abriéndose un tronco sale la Muerte con guadaña» (*El pleito matrimonial*, III, 75). En *La Virgen del Sagrario*, I, 585, tras la acotación «Tocan cajas roncas» dice Godmán: «Pero ¿qué rumor es éste? y respóndele D.ª Sancha «cajas destempladas suenan». Aquí aparece bien claro que cajas roncas y destempladas es lo mismo.

4. *La trompeta bastarda*

Las cajas roncas se acoplan frecuentemente con la trompeta bastarda o sordina. En *La Virgen del Sagrario*, I, 587, la acotación escribe «Suena caja y trompeta». Y Tarif dice:

> ¿Qué bastarda trompeta
> y ronca caja temerosa inquieta
> nuestro ejército altivo y victorioso?

En *El arca de Dios cautiva*, III, 1365, dice Goliat:

> Oye que entre los estruendos / de las trompetas bastardas
> y heridos parches parece / que suenan voces más blandas...
> «Dentro Coro 2.º triste y cajas roncas»
> Mal discurres, que al contrario / la sordina destemplada
> y ronco el tambor, muy otro / es de lo que tú pensabas.

En este texto se ve la sinonimia equivalente de trompeta bastarda a sordina y la caja y los heridos parches a ronco el tambor. En *El mayor encanto amor*, I, 1541, «Suenan dentro cajas destempladas y una sordina» y dice Ulises:

> ¿Qué voz es ésta que en mí / tan nuevo pavor infunde?
> ¿A quién destempladas trompas / exequias fingen lúgubres?

En *La estatua de Prometeo*, I, 2095, a la acotación «sordinas y cajas destempladas» corresponden estos versos:

> O díganlo en pavorosos / ecos de fúnebre son
> ronca la trompa bastarda / destemplado el atambor.

Muchas veces las acotaciones escriben la palabra «trompeta» o «sordina» mientras que en el texto versificado que sigue a la acotación dice «trompa». Las más de las veces que en los versos sale trompa, si pusiera trompeta les sobraría una sílaba. Yo creo que Calderón piensa siempre en la trompeta, aunque escriba trompa. Esto parece más razonable cuanto que a veces escribe «trompa bastarda», instrumento que no existió, a menos que por él se entienda al sacabuche, hipótesis no descabellada, pues si la trompeta bastarda es una trompeta de varas, la trompa bastarda podría ser el sacabuche, trombón de varas. De todas maneras yo creo que se refiere siempre a la trompeta, aunque escriba trompa bastarda. En *La puente de Mandible*, II, 1875, hay este texto que confirma mi opinión una vez más: Dice la acotación «Suenan trompetas bastardas y cajas destempladas y sale Floripes». Pero cuando a continuación habla dice:

La voz primera, que la ligereza
del viento lleva, es fúnebre armonía.
de ronca caja y bastarda trompa.

En esta misma obra, en la página 1882, dice la acotación: «suenan trompetas bastardas» y dice el Emperador:

Aquí haced alto y aquí / suene la bastarda trompa,
sucedan las cajas roncas.

La trompeta bastarda estuvo muy en boga en España en los siglos XVI y XVII. Covarrubias en *Tesoro de la Lengua Castellana*, pág. 199, dice: «Trompeta bastarda, la que media entre la trompeta que tiene el sonido fuerte y grave y el clarín que le tiene delicado y agudo». Era una trompeta de varas, cromática y se llamaba cabalmente bastarda porque producía otros sonidos además de los propios de la trompeta natural».

Este acoplamiento de cajas roncas y trompetas bastardas lo expresa a veces Calderón con diferentes palabras. Tal sucede en *La exaltación de la Cruz*, I, 999: «Vanse, tocan cajas y trompetas destempladas»... y dice Heraclio:

En esta parte donde / despavorido el eco nos responde
a media voz del susto que le han dado
ronco el metal, el parche destemplado.

5. *Cajas y trompetas*

Las acotaciones de ambos instrumentos juntos indican sistemáticamente un clima o acción militar. He aquí algunos ejemplos: «Suena dentro ruido de cajas y trompetas» y dice don Fernando:

Mas ¿qué trompeta es ésta / que el aire turba y la región molesta?
Y por estotra parte / cajas se escuchan: música de Marte
son las dos.
      (*El príncipe Constante*, I, 258)

«Tocan cajas y trompetas y salen en orden Soldados» (*La gran Cenobia*, I, 73).

«Tocan cajas y trompetas y se abren dos carros y se ven dos tiendas de campaña» (*El cubo de la Almudena*, III, 566). Pero las más de las veces a continuación de la indicación «cajas y trompetas» síguense automáticamente los gritos de «Arma, arma. Guerra, guerra». Por ej. en *La púrpura de la rosa*, I, 1769, «Dentro cajas y trompetas y dicen unos ¡Arma, arma! ¡Guerra, guerra! ».

Las cajas y trompetas tienen intervención obligada en las salvas y aclamaciones. La salva consta de cajas y trompetas o clarines, a veces con más instrumentos, voces y algún disparo de morterete.

> La salva repitan / repitan la salva
> voces y clarines / trompetas y cajas
> > (*El maestrazgo del Toisón*, III, 906)
> Haciéndole salva / con ecos festivos
> cajas y clarines / timbales y tiros
> > (*La protestación de la fe*, III, 729)

Igualmente en las aclamaciones de un militar victorioso: «Estas voces dentro al son de cajas y trompetas: ¡Viva Lelio!».

CAPITULO IX

1. *El clarín*

Si las cajas y trompetas, juntas, reclaman generalmente movimiento plural de soldados y ejércitos, el clarín es empleado con frecuencia para indicar la acción singular de una persona, para llamar la atención acerca de un acontecimiento o para dar señales.

El clarín o corneta es un «instrumento de metal, en forma de trompeta enroscada con una o dos vueltas; tiene el tubo cónico en toda su longitud y el sonido más opaco que el de la trompeta. Derivado de la antigua trompa de posta fue adoptado como instrumento militar para dar órdenes y señales» (Diccionario de la Música Labor). Había otro tipo de clarín que era «una trompeta plegada como las corrientes, pero algo más pequeña y con el diapasón más alto... la Banda de trompetas en la Corte de los Reyes Católicos estaba formada por clarines, trompetas italianas y atabales, mientras que para el repertorio de ministriles de la misma Corte eran empleados los clarines con las trompetas bastardas y sacabuches. Este tipo de trompeta o clarín se adoptó en el siglo XVI en toda Europa como el instrumento más adecuado para la música artística o de cámara y fue empleado durante los siglos XVII y XVIII en toda Europa».

Los principales usos del clarín en el teatro de Calderón son los siguientes:

a) *Acción militar individual*; por ejemplo en *Judas Macabeo*, I, 32, suena un clarín y «Sale Cloriquea a caballo con lanza y adarga». En *El sitio de Breda*, I, 117, «tocan dentro un clarín» y

> Ya el gran Velasco, general valiente
> va conduciendo la caballería.

b) *Para delatar la presencia de un navío.* El uso del clarín en este sentido es muy frecuente en Calderón. He aquí algunos casos entre muchos: «Tocan un clarín y descúbrese un navío» (*El mayor encanto*, I, 1510). «Suena un clarín y descúbrese un bajel en el mar» (*El veneno y la triaca*, III, 192). «Suena dentro un clarín y ruido de desembarco» (*Argenis y Poliarco*, II, 1918, y *El príncipe Constante*, I, 254). *La nave del mercader*, III, 1944, empieza con esta acotación: «Al son de un clarín aparece una nave negra». En *Los tres mayores prodigios*, I, 1552, dice el

> REY - ¿Qué novedad puede haber turbado,
> si de un clarín no más el eco ha sido?
> MEDEA - Haber ese clarín dentro sonado
> del mar, donde clarín jamás se ha oído.

Y en *Amado y aborrecido*, I, 1719, se oye «dentro un clarín» y dice el

> REY - Esperad, ¿qué salva es ésta?
> CRIADO - Un bajel que a nuestra isla
> de paz llega a tomar puerto.

c) *Como toque de llamada* para reunir la gente:

> Haced alto, porque antes / que llegue a ver y advertir
> qué gente juntó la voz / de mi primer clarín,
> no empiece la marcha.
>   (*La piel de Gedeón*, III, 529)

d) *Como señal de paz* para parlamentar un bando con otro. «El clarín» y dice

> SABINO - Qué llamada será ésta / que de la ciudad han hecho?
> ASTOLFO - Bandera de paz sospecho...
> SABINO - Responded pues.

«Suena otra vez el clarín y sale Pascual poniendo la señal de paz en el muro» (*Las armas de la hermosura*, 1, 972). Y en *El jardín de Falerina*, II, 1910, dice

> ROLDÁN - Pero ¿qué clarín ha herido el aire?
> CARLOMAGNO - Llamada es de paz que hace el enemigo
> para que a un embajador oigas.

e) *En circunstancias parecidas a las de la trompeta.* «Tocan clarines y cajas y se da la batalla» (*Los cabellos de Absalón*, I, 863). «Suenan cajas y clarines por dos partes» (*El segundo Escipión*, I, 1416). «Dentro cajas y clarines». Soldados: «Arma, arma. Guerra, guerra» (*El gran Príncipe de Fez*, II, 1639).

f) *Uso lírico*, amenizando escenas como ésta en que se cantan los versos siguientes:

> ¡Ay cómo gime, mas ay cómo suena
> el remo a que nos condena / el niño Amor.
> Clarín que rompe el albor / no suena mejor.

El clarín vuelve a sonar y dice Cintia:

> En tanto que yo este ameno / espacio registro, no
> cese el clarín un momento.
>
> (*En esta vida todo es verdad*, II, 1910)

Es evidente que aquí no se trata del clarín guerrero, sino del cortesano. Otra cita en este sentido se encuentra en *El árbol del mejor fruto*, III, 990)

> Diciendo el Poder en su trompa sonora,
> diciendo el Amor en su dulce clarín.

Otro instrumento importante en la vida militar, más en palacio que en campaña, es el pífano, «pequeña flauta de muy aguda voz que se toca como la flauta travesera y acompañada de tambor. Muy usado en España ya en el siglo XVI por la Guardia Real de Felipe II, conservose su tradición en el Real Cuerpo de Alabarderos hasta entrado el siglo XX. Existieron antiguamente pífanos graves y agudos» (Diccionario de la Música Labor). Cuanta importancia tuvo el pífano en la Corte española lo dice bien claro el Inventario de María de Hungría de 1556, donde se contabilizan 39 pífanos entre grandes y pequeños. Y en el Inventario de Felipe II de 1602, se citan nada menos que 55 pífanos, de marfil, de boj y de madera de Alemania. Se trata pues de toda una banda de pífanos. Calderón lo cita en *El Segundo Escipión*, I, 1422: «digan sus alabanzas / pífanos y clarines / trompeta y caja». Esta cita en plural evoca toda una banda compuesta de varias unidades de cada uno de los instrumentos dichos.

2. *Chirimías y circunstancias en que son empleadas*

Como la caja y la trompeta, la chirimía es un instrumento requerido continuamente por Calderón en la representación de sus obras. La chirimía pertenece a la familia de las bombardas. A fines del siglo XVI formaba ya una familia de seis instrumentos que abarcaba todas las tesituras y las hacía especialmente aptas, tanto para tocar solas como para doblar y glosar las voces humanas. Las más corrientes eran las chirimías «discante» con la tesitura del oboe, pero había también chirimías más pequeñas y las chirimías contrabajo, de una longitud tal que habían de llevarlas, desmontadas, entre dos personas. Todas eran de timbre estridente por lo que generalmente eran tocadas al aire libre con las bandas de ministriles en las fiestas de palacio y de las corporaciones municipales, así como en las procesiones y también en la polifonía sagrada en las catedrales, reforzando y glorando lo que cantaban las voces.

En el Inventario de la reina María de Hungría realizado en 1556, encontramos una «chirimía grande», siete «más pequeñas», dos «chirimías tiples», dos «instrumentos de música que dicen Fagotes», dos «contrabajos grandes de chirimía de dos piezas», y un «fagote contralto».[1] Y en el testamento de Felipe II redactado en 1602, «una chirimía de marfil que es contrabajo de las cornetas mudas de marfil, un «contrabajo de chirimía», dos «chirimías bajón de madera de Alemania» un «fagote contraalto», un bajón muy grande que es contrabajo de flauta» y dos «bajones muy grandes de madera de boj».[2]

De acuerdo con la composición del grupo o familia que acabamos de citar, cuando en el teatro de Calderón sale la indicación de «chirimías», «las chirimías», «tocan las chirimías» o expresiones similares hay que tener en cuenta que se trata de un conjunto instrumental que comprende la chirimía tiple y la discante equivalentes a oboe 1.º y 2.º, una chirimía o fagote contralto, el bajoncillo o fagote tenor, el bajón o fagote bajo y la chirimía bajo o contrafagote. En determinadas circunstancias se asociaban también con los orlos, sacabuches y trompetas. Cuando suenan solamente las chirimías forman lo que muy acertadamente los ingleses llaman «whole consort» que podríamos traducir por conjunto íntegro, es decir, formando en su totalidad por instrumentos de una misma familia y cuando tocan junto con otros instrumentos «broken consort», conjunto mixto.

Importa mucho tener en cuenta, que siendo Calderón el autor teatral oficial de la Corte y que estrenó la mayor parte de sus obras en los reales teatros, tenía a su disposición todos los músicos, instrumentistas y cantores, adscritos de alguna manera a la Corte y, en el aspecto musical, debió existir una gran diferencia en la interpretación de sus obras según fuese su estreno en Madrid o en provincias.

Calderón hace intervenir las chirimías solas principalmente en las circunstancias siguientes:

1.ª *Para entrada en escena, o salida de la misma, de grandes personajes*, Reyes, Condes, Arzobispos, etc., sobre todo cuando éstos tienen al-

---

1. Cf. H. ANGLÉS, *La Música en la Corte de Carlos V* (Barcelona, 1944), págs. 11 y 12 de la Introducción.
2. VAN DER STRAETTEN, *La Musique aux Pays-Bas* (Bruselas, 1888), vol. VIII.

gún protagonismo en la obra. Ejemplos: «Tocan chirimías y sale Baltasar» (*La Cena del rey Baltasar*, III, 157). «Suenan chirimías y sale todo el acompañamiento y detrás el Rey (*Los tres mayores prodigios*, I, 1549). «Salen el Príncipe de Polonia y Espínola y todos los que pudieren al son de atabales y trompetas y al cabo chirimías» (*El sitio de Breda*, I, 125). En este texto es de observar una gradación ceremonial: al son de atabales y trompetas entra el acompañamiento y al final, «al cabo» cuando entra el Príncipe de Polonia, es entonces cuando suenan las chirimías. Estas hasta tal punto son significativas de dignidad que «suenan chirimías y salen Cósdroas y Menardes vestidos de cautivos», pero aun así vestidos, el toque de chirimías delata su real alcurnia (*La exaltación de la Cruz*, I, 1017).

2.ª *En apariciones de orden sobrenatural* como Angeles, Jesucristo, la Virgen, un Santo o la exposición de objetos que los representan o personalizan, como imágenes de la Virgen, la custodia con el Pan Eucarístico, etc. «Tocan chirimías y baja de lo alto donde estará la música, una nube hecha trono, pintada de Serafines y en ella los ángeles, hincados de rodillas, traerán la imagen de N.ª Sra. de Copacabana» (*La aurora en C.*, I, 1337). «Tocan chirimías. Descúbrese un altar con Hostia y Cáliz» (*El pleito matrimonial*, III, 92). «Las chirimías y se abre el globo y se ve en él al Príncipe de la Luz» (*Lo que va del hombre a Dios*, III, 287).

3.ª *En la apertura de un carro*, o sea, cuando cambiando de decorado, presenta una escena de plasticidad visual a la que añade música para impresionar más al espectador. «Las chirimías y descúbrese el primer carro y en él la Iglésia. Las chirimías y se descubre el segundo carro y en él un altar de la Almudena. Las chirimías y se descubre el tercer carro y en lo alto un altar con Cáliz y Hostia. Las chirimías y se descubre el cuarto carro y se ve en él el Hombre con su Albedrío» (*El Año Santo en Madrid*, III, 557).

Durante el siglo XVI los autos sacramentales se hacían en las plazas con un solo carro o *plataforma con ruedas*. En la primera mitad del siglo XVII, los carros eran tres, dos laterales con los decorados y maquinaria de las tramoyas y el del medio llamado «carrillo» que servía de escenario para los actores. Desde el año 1648 y a causa principalmente de la gran complejidad de los autos de Calderón, se generalizó el empleo de cuatro carros, aumentando así las posibilidades de decoración y maquinaria.[3]

4.ª *Cuando al final de una obra se cierran los carros o apariencias*, lo que equivalía a nuestro «cae el telón» suenan siempre las chirimías. Cuando los últimos versos con que termina una obra son cantados, las acotaciones

---

3. J. E. VAREY, *La mise en scène de l'Auto Sacramental à Madrid au XVIe et XVIIe siècles* en «Le lieu théâtral à la Renaissance» (París, 1968 ed. de CNRS).

son por el estilo de éstas: «Con esta repetición y al son de las chirimías se da fin al auto». «Con esta repetición tocan las chirimías, canta la Música y se da fin al auto». Cuando los últimos versos no son cantados, «Tocan chirimías y cerrándose los carros se da fin al auto». No he citado ninguna obra en particular, porque casi todos los autos terminan con las citadas acotaciones y en los que se omitió es evidente que deben intervenir las chirimías y toda la música en general, como final de la función.

Cuando las chirimías se asocian con los atabalillos indican casi siempre un ambiente de palacio o desfile ceremonial. Ej. «Las chirimías y atabalillos». «Con esta repetición y las chirimías y atabalillos salen todas... y se ve en un trono a Coriolano» (*Las armas de la H.*, I, 963). «Dentro atabalillos y chirimías» (Sala de un palacio de Zaragoza, en *El postrer duelo*, I, 1271). «Suenan atabalillos y chirimías en un salón de palacio (*La Virgen del Sagrario*, I, 591)... «El Rey pasa entre todos y al mismo tiempo que representan y cantan, tocarán atabalillos, trompetas y chirimías» (*El santo rey Don Fernando*, III, 1281).

En resumen las chirimías eran para los conjuntos instrumentales de los siglos XVI y XVII lo que la cuerda para nuestras orquestas, por esta razón se las encuentra tocando juntas con «otros instrumentos». Las comillas son de Calderón y quiere decir sencillamente que tocaban en escenas determinadas con todos los otros instrumentos que tenía la compañía teatral. «Suenan dentro chirimías y otros instrumentos» (*Los hijos de la F.*, I, 1236-7). «Las chirimías y toda la Música» (*El José de las Mujeres*, I, 934).

CAPITULO X

1. EL ARPA, LA GUITARRA Y EL ÓRGANO. 2. OTROS INSTRUMENTOS. 3. TRUE-
NOS, TEMPESTADES Y TERREMOTOS.

1. *El arpa, la guitarra y el órgano*

El arpa y la guitarra son los instrumentos básicos para el acompañamiento de la música profana en general, incluida la escénica. En el siglo
XVII el arpa tuvo también gran importancia en el acompañamiento de la
música litúrgica policoral. Ya desde la segunda mitad del siglo XVI el arpa
tuvo la misma categoría que los instrumentos de teclado y la aristocrática
vihuela. Por lo cual, cuando se publican libros de tecla llevan títulos como
éstos: *Obras de música para tecla, arpa y vihuela de Antonio de Cabezón...
Madrid, 1528; Libro de Cifra Nueva para tecla, arpa y vihuela... por Luís
de Henestrosa... Alcalá, 1557.* Es éste un hecho que conviene que recuer-
den los directores de grupos de música antigua, pues ello les hará mucho
más fácil el encontrar repertorio para sus necesidades. El arpa en los siglos
XVI y XVII formó parte de la educación básica que se daba a las princesas
y damas de nobles familias.

Calderón hace un uso triple del arpa: para acompañar a una voz que
canta, para evocar un determinado estado anímico y para, en sentido ale-
górico, simbolizar la cruz. En *Darlo todo*, I, 1029, acompaña solos y coros.
«Dentro un arpa» y dice Apeles

> Mas ¿qué es lo que a oír llego?
> CHICHÓN - Un templado instrumento
> APELES - Y al compás suyo parece / que sonora voz ofrece
> nuevas cláusulas al viento / desde aquella quinta.

Y al son del arpa una voz dentro canta el romance «Sobre los muros de
Roma», cuyo estribillo «¡Ay de aquella que vive / en campos extranjeros

sola y triste» es cantado por el «Coro de Damas Músicas». En *Los amantes del cielo*, I, 1076, «Salen Nísida y Clori con un arpa» y dice

> NÍSIDE - Traes el instrumento?
> CLORI - Sí.
> NÍSIDE - Pues dámele... probar quiero un tono que
> a una letra que escribió / Cintia ayer, compuse yo.

Y a continuación canta el tono *Ruiseñor que volando vas.*

En *Conde Lucanor*, II, 1959, «tocan dentro un arpa» y dice el Soldado:

> Mas ¿qué oigo? / templado instrumento usurpa
> las cláusulas a las aves / a cuyo compás divulga...

A continuación Iriferne canta el tono *Inconstante fortuna*, etc. David con su arpa y corona acompaña las coplas de Adán, Abel y el Angel en *Primero y Segundo Isaac*, III, 812. Saúl al ir a arrojar la lanza oye un arpa y queda suspenso *La primera flor del Carmelo*, III, 637. «Se ve una cruz y en un brazo de ella un arpa» (id. 653). Por el contrario en *El Divino Orfeo*, III, 1825, «Sale Orfeo con un arpa al hombro, cantando, en cuyo bastón vendrá hecha una cruz».

Pero el siglo de Calderón fue el siglo por excelencia de la guitarra y durante el mismo vieron la luz los más importantes tratados de este instrumento, como son los de Luis Briceño, Gaspar Sanz, Ruiz de Ribayaz y F. Guerau. Dicha guitarra constaba de cinco órdenes, cinco cuerdas duplicadas, y tuvo tal éxito y difusión que fue conocida en toda Europa con el nombre técnico de «guitarra española». Tuvo especial aceptación en Italia donde se publicaron métodos de la misma, tales como *Intavolatura de Chitarra Spagnuola*... di Giovanne Colonna (Milano, 1637). En Francia la primera obra de guitarra que se publicó fue la de Briceño, *Método... para aprender a tocar la guitarra a lo español* (París, 1627). El sabio P. Mersenne y su *Harmonie Universelle* hace grandes elogios de Briceño y dedica un capítulo entero a la «guitarre espagnole».

Un testimonio de mayor excepción acerca de la importancia que la guitarra tenía en el teatro barroco es Castillo de Solórzano, el cual antes de la representación de su comedia *La fantasma de Valencia* (1634), hizo cantar un romance, en lugar de loa, en el que intervinieron 4 cantores y 8 guitarras.[1]

El nombre de guitarra en las acotaciones de las obras de Calderón no es tan frecuente como sería de esperar, pero en la práctica estaba presente

---

1. Cf. J. L. FLECNIAKOSKA, Comedias. *Autos Sacramentales et Entremeses dans les Miscellanées*, en Dramaturgie et Societé (París, 1968, vol I, págs. 120-21).

en multitud de circunstancias, por ejemplo en las danzas y bailes, sobre todo de tipo bullicioso, que son abundantes en la escena calderoniana. En *La cisma de Ingalaterra* hay unos versos que confirman muy claramente lo que acabo de decir. Después que acabara de bailar Ana Bolena una gallarda se dice a sí mismo el gracioso Pasquín:

> ¿Ha danzado bien Bolena? / Que yo no entiendo de danzas.
> Todas me parecen unas / pues todas veo que paran
> en ir saltando hacia aquí / o hacia allí. Una vez se alargan
> con carreras y otras veces, / dando salticos, se paran
> siendo pelota de viento / *al compás de una guitarra».*

Cuando los soldados se divierten, lo hacen tocando la guitarra y cantando. «Tocan guitarras» y pregunta D. Lope:

> ¿Qué es aquello?
> CRESPO - los soldados se pasean / tocando y cantando.
> *(Alcalde de Zalamea,* I, 553)

«Salen el Capitán y el Sargento, la Chispa y Rebolledo con guitarras» (íd. 554). «Dentro las guitarras» a cuyo son van saliendo al jardín todos los comensales (*El José de las mujeres*, I, 914). Daría que se había caído por una boca de la tierra, que milagrosamente no se hizo daño, se pregunta qué misterios habrá allí encerrados, y cuando oye que «suena una guitarra» dice:

> Y más ahora que oyó la ilusión mía
> que en su centro dulcísima armonía
> un instrumento informa,
> pero quiero escuchar, que en mudo acento
> de voces se acompaña el instrumento.

En estos dos últimos versos parece indicar que la guitarra tocaba sola, no existiendo, siendo mucho el acento de las voces. Oyendo tal música se siente tan feliz que desea que aquella cueva o boca sea su sepulcro.

En *El año santo en Madrid*, III, 551, suena una «guitarra dentro». «Tocan guitarras y dan gritos» (*La primera flor del Carmelo*, III, 649).

Algunos pocos textos más podrían ponerse, pero como antes he indicado, la guitarra está presente en todos los grupos de danzantes y cuando hay «tropas» de músicos y cantores.

El órgano. A diferencia del teatro inglés de la época Elisabetiana en que era usado normalmente un órgano portátil que se plegaba en forma de libro para la comodidad de su transporte, el órgano no fue utilizado en el teatro barroco español. En Calderón existe una única, curiosa e interesante cita del órgano que al mismo tiempo nos prueba que no lo usaban: «Suena el órgano» y dice Morlaco:

> ¡Vive Dios / que a media noche los dos
> se ponen ahora a cantar / al son de un nuevo instrumento
> que quién se lo dio no sé / ni quién le toca! porque
> solos están. Oigo atento.

Sigue la acotación «Suena el órgano debajo del teatro» (*La exaltación de la Cruz*, I, 1014). El hecho de que Morlaco al oír el órgano considere que era un *nuevo instrumento*, indica su sorpresa al oírlo, porque era una intervención excepcional de dicho instrumento. Falta imaginar que tipo de órgano sería, o si imitaron este instrumento con un grupo de chirimías, pues no se concibe que sólo fuese acarreado para intervenir en el canto del *Deus in adjutorium meum intende*, cuando hay tantos textos litúrgicos que se cantan en latín en el teatro de Calderón en ninguno de los cuales interviene el órgano. El mencionado en la *Mística y Real Babilonia*, III, 1052 «que allí en los sauces quedan / los órganos pendientes» no es más que la traducción del salmo *Super flumina Babylonis* y nada tiene que ver con nuestros órganos.

2. *Otros instrumentos*

Adufe o *Pandero*. En *La serpiente de metal*, III, 1530, María, hermana de Moisés, queriendo celebrar con una danza la alegría de su salida de Egipto, dice:

> MARÍA - Dame el adufe, tú, Simplicio.
> SIMPL. - ¿Qué es adufe?
> MARÍA -   Ese instrumento
> que aunque no es dulce al oído / por lo menos acompaña
> la voz, y es el que aprendimos / de los gitanos, tal vez
> que intentamos divertirnos / en su servidumbre.
> SIMPL. -   Pues
> habiendo ya prevenido / que es instrumento gitano,
> ¿qué te embarazó pedirlo / claramente? Di el pandero,
> que no es nombre tan indigno, / que muchos que le oyen no
> le tenga por apellido.

Campanas. «Campanas y cajas dentro» (*La devoción de la Misa*, III, 216).

Cítara y salterio.

> «Venid y trayendo / de cítaras rudas
> de rudos salterios / las voces confusas,
> respondan los vientos / cuando la saludan.

La aplicación del adjetivo rudo a dos instrumentos tan agradablemente sonoros y melodiosos como la cítara y el salterio indica que dichos instrumentos eran de factura popular y se construían por instinto y tradición, como, por ejemplo, el arpa popular aún vigente en Venezuela. En este caso sus tañedores eran «moradores del Cáucaso». (*La estatua de Prometeo*, 2071).

Gaita. «La gaita de los Gigantones dentro». (*El árbol del mejor fruto*, III, 988). En esta ocasión nos da a conocer un detalle curioso para la historia suntuaria de los gigantes, explicado en los versos siguientes:

> BART - Mira qué galanes vienen / los Gigantones.
> GILA -   De ver
> que traen sacados los brazos / me huelgo, que era cruel
> cosa que, estando tan grandes / los hubiesen de tener
> metidos sobre los pechos / fajados con un cordel.
> BART - ¿Y ves las danzas?
> GILA - Ya oigo tamboril y cascabel.

La gaita en cuestión sería una dulzaina del tipo de las que se tocan hoy día en las danzas populares y las procesiones del Corpus en muchos pueblos de España. Pertenece a la familia de las chirimías u óboes, el tamboril y los cascabeles van asociados con la gaita en muchos bailes folklóricos.

Cestas. En *Mística y Real Babilonia*, III, 1052, hay dos versos un tanto raros que en mi opinión se refieren a un instrumento u objeto de tipo exótico importado de la civilización colonial de América, o tal vez de Africa. Esta es la escena. Los cautivos cantan, llorando, al son de cadenas. Azarías afirma en lapidaria frase que «puesta una vez en música la pena», la tristeza, cantada, se convierte en alegría. Dice Nabucodonosor:

> ZABULÓN - No es nada el truequecillo / de cláusulas a cestas
> ¡Oh cuanto a mis oídos / sus lástimas recrean!

Yo interpreto estos versos como si dijera: no es cosa de desdeñar el canto acompañado del rasgueo de un pedazo de tronco seco sobre las cestas. Continúa Azarías:

> por aquellas canciones / que dulcemente tiernas
> que cantamos, preguntan / los que presos nos llevan.

Como puede observar el lector, los dos versos del truequecillo y las cestas están dentro del contexto puramente musical de la escena de los cautivos cantando. Sería un acompañamiento algo por el estilo de «la nueva invención de la escoba» que tanto revuelo y admiración produjo en el baile gita-

101

no del *Rinconete y Cortadillo* de Cervantes. (Véase M. QUEROL, *La música en las obras de Cervantes*, Barcelona, 1948, pág. 163.)

3. Truenos, tempestades y terremotos

En el teatro de Calderón que, entre los muchos calificativos, puede recibir el de «teatro cósmico» tienen gran importancia los truenos, relámpagos y terremotos. Pero, si trato aquí de estos fenómenos naturales, es precisamente porque en el teatro no son producidos por la naturaleza, sino imitados por la música. Hay dos textos de Calderón que lo dicen muy claramente. En la Jornada II.ª de *El monstruo de los jardines* (I, 2017), Lidia extrañada de como la música puede imitar tan perfectamente los truenos exclama:

> ¿Cómo, sin que se rasguen pardos senos,
> *se oyen puestos en música los truenos?*

Y en *Leónido y Marfisa* (II, 2113), leemos esta acotación: «Habiendo Megara cantado estos versos, se oscureció impensadamente el teatro, cuya novedad creció a susto con el ruido de los truenos que se siguió, *imitados tan al natural*, que parecía se desplomaba no sólo aquella material arquitectura, sino toda la máquina celeste». En algunos textos van asociadas las cajas con la tempestad. Así en *La exaltación de la Cruz*, al final de la segunda jornada, tras cantar las palabras «Piedad, Señor divino», Calderón escribe: «Haya gran ruido de truenos y tempestad y algunos rayos y morteretes» y acaba la jornada con esta indicación: «Suena la Música y tras ella cajas y tempestad de truenos».

Sentado pues como premisa que truenos, tempestades y terremotos eran imitados por los instrumentos, veamos algunos ejemplos más. En *La Sibila de Oriente* (I, 1170), «Dale golpes (al árbol) y suenan truenos, relámpagos y tempestad», y un poco después, «Cae el árbol y vuelven los terremotos». En *Apolo y Climene* (I, 1820), hay tres terremotos: «El terremoto y el arma», «El terremoto y cajas de guerra en lo alto», «El terremoto, cajas y trompetas». En *El jardín de Falerina* (II, 1904), «sonando ruido de terremotos, truenos y relámpagos». En esta misma obra hay siete intervenciones más de terremotos y en *La Cura y la Enfermedad* (III, 771), ¡en una sola página hay siete terremotos!

Como es obvio imaginar, los truenos y terremotos se harían a base de redobles de cajas, tambores, atabales y sobre todo del «gran tambor» que así y con razón llaman los italianos al bombo. El gran tambor sería por antonomasia la «caja de los truenos». Pero sin duda alguna también contribuirían a tal efecto instrumentos como el clarín bajo, que alguna vez va asociado con las cajas roncas, trémolos y escalas rápidas de toda clase de pífanos, clarines, chirimías y arpas (para la lluvia), en una palabra, de todo el instrumental de la compañía.

CAPITULO XI

1. Danzas y bailes. 2. Danzas y bailes citados por Calderón.

1. *Danzas y bailes*

El baile, más que una moda fue una verdadera pasión social en la España del siglo xvii. A ello conribuiría sin duda la afición a la danza que tuvo Felipe III (1605-1621) el cual, según Armona en sus Memorias Cronológicas «era el danzarín más ayroso que havía en su tiempo y gustaba más de acreditar esta galantería en los Saraos que se hacían en Palacio, que de Comedias». Su hijo Felipe IV (1605-1665) heredó su pasión por la música que estudió a fondo con el maestro de su capilla Mateo Romero, y fue el gran protector de Juan Blas de Castro, considerado en su tiempo como el mejor compositor de «tonos» para el teatro. Fue también Felipe IV el decidido protector de Calderón y solamente su apoyo hizo posible la representación de tantas y tantas obras que, sin la regia ayuda, jamás se hubiesen representado a causa de la complicación de los decorados y tramoyas que necesitaba y exigía Calderón, los cuales comportaban un dispendio económico que jamás ninguna compañía teatral privada hubiera podido sufragar.

Antes de abordar directamente el baile en Calderón conviene decir unas palabras acerca de la danza y el baile. En el capítulo IV de mi monografía *La música en las obras de Cervantes* (Barcelona, 1948), escribí algunas páginas sobre la danza y su distinción del baile y a ellas remito al lector, pues considero que lo que allí escribí acerca de la danza y el baile en Cervantes, es válido también para Calderón, por lo cual me limitaré aquí a lo que dice nuestro dramaturgo sobre el particular.

Calderón distingue con toda claridad entre danza y baile como se ve en estos versos de *La serpiente de metal*, III, 1545:

Pues tenemos / ya dios a quien adorar,
bien podemos / al colocarle en su altar
Cantar, tañer, danzar y bailar.

Pero hay un texto especialmente luminoso y definitivo en *El verdadero Dios Pan*, III, 1238, que dice así: «Las coplas han de ser danzadas, los estribillos, bailados, en cuyos lazos se han de hacer los yerros que dicen los versos». Lo que se canta es un romance con estribillo. Ahora bien, como ya expliqué en mi trabajo *El romance polifónico en el siglo XVII* (An. Mus. X, 1955), la música de las coplas de los romances es sobria frente a la desbordante vitalidad y movimiento del estribillo. Así pues, bailarines solistas o profesionales danzarían las coplas con el empaque y gravedad debidos, mientras que, en contraste, el estribillo sería bailado por toda la tropa de la compañía con el máximo entusiasmo. He aquí la primera copla y estribillo del romance en cuestión:

En sacra solemnidad / piadosos hoy los afectos,
del corazón sean las voces / y del alma los consuelos;
y todo sea nuevo,
la obra, el tono, la voz y el instrumento.

La cuarteta es danzada, el estribillo bailado. Conviene recordar al lector que en los romances y villancicos barrocos, el estribillo, aunque tenga pocos versos, su música es siempre notoriamente más larga que la de la copla, normalmente en una proporción de cinco a diez veces más larga, y con mucha frecuencia en compás diferente.

Volviendo a la distinción de danzas y bailes, son danzas las que se hacían en la Corte y en los palacios de los nobles; son danzas aristocráticas de aire más o menos grave y ceremonioso, como Pavana, Gallarda, Alta, Baja, Turdión, Alemana, Pie de Gibao y otras por el estilo. Al lado de estas danzas aristocráticas están las populares folklóricas, de aire espontáneo y más animadas, pero que tienen siempre pasos de alguna complicación, por lo que muchas veces los danzantes necesitan de un guía o «cabeza» de la danza que les conduzca en su ejecución. Luego están los bailes populares no folklóricos que son los inventados por la moda de cada momento y bailados por todos, como las Chaconas, Zarabandas, Folías, Canarios, Villanos, Seguidillas, Guineos, etc. Finalmente están los bailes literarios o dramáticos, independizados de los entremeses, llamados por Quiñones de Benavente «entremeses cantados», para diferenciarlos precisamente de los que se cantaban insertos dentro de los entremeses. Son bailes con argumento, con «libreto» y exigen un cierto grado de expresión plástica en su ejecución.

Como dice Cotarelo y Mori, *ob. cit.*, pág. CLXXXIII, «la música, el canto y el baile podían por sí solos dar origen y forma a un intermedio especial que nada debería al entremés... y que así como éste se representaba entre la primera y segunda jornada de la comedia, podría el nuevo juguete darse entre la segunda y la tercera... Era pues necesario un asunto o argumento qu: medio con la palabra y medio con la mímica, fuese planteándose y resolviéndose por modo natural y agradable».

Entre los autores de bailes literarios cabe mencionar, entre muchos otros, a Quiñones de Benavente, Quevedo, Diamante, Antonio de Zamora, Moreto y el propio Calderón. Un libreto modélico de nuestro dramaturgo puede verse en «El baile de las flores» que se canta y baila al final del acto segundo de Hado y divisa de Leónido y Marfisa (BAE, pág. 379-80). La música de estos bailes era escrita generalmente por los músicos compositores de las compañías «pues cada una tenía dos principales para tocar el arpa y guitarra y enseñar el canto a las actrices que pocas veces sabían música». Entre los compositores de bailes encontramos a J. Blas de Castro, Alvaro de los Ríos, Alfonso y Juan de Navas, Juan de Sequeira, J. Antonio Guerrero, M. Ferrer, J. Peyró, J. de Nebra y M. Ferreira.[1] Desgraciadamente, como ya lo lamentaba Cotarelo, los tratados de danza de la época no sirven para reconstruir la coreografía de tales bailes.

Aunque pueda parecer extraño, en el teatro de Calderón, donde más se baila es en los autos sacramentales. La Loa para *El nuevo Palacio del Retiro*[2] termina con un baile en el que después de la copla que canta la Dama 1.ª se hallan las indicaciones «Bandas hechas y deshechas» y después de la copla de la Dama 3.ª «desinterpólanse por fuera» y acaban el baile «quedando todos en dos bandas, las mujeres delante y los hombres detrás y se da fin a la Loa».

En la parte central de *Primero y Segundo Isaac* se canta el baile «Al esquilmo, al esquilmo, zagales», cuya rítmica música, afortunadamente conservada, puede verse en *Teatro Musical de Calderón*, de M. Querol. De este baile dice Calderón que «Misteriosas son sus mudanzas». En seguida se ve por qué son misteriosas. Bailando, caen primero Rubén y Celfa, luego Leví y Habra y después Lauro y Teuca. Son caídas alegóricas de las que Lauro saca la moraleja «En el baile de la vida / nadie diga no cayó». A lo que Teuca añade: «Yo también caí pero no / por eso el baile se impida». Otro baile se da todavía al final de este mismo auto: «Salen por una parte en tropa zagales bailando y detrás Abrahán e Isaac; y por otra, zagalas y detrás Rebeca y Eliazer cantando y bailando».

---

1. COTARELO, *ob. cit.*, pág. CCXXVII y s.
2. Dada la brevedad de un auto, comparada su extensión con la de un drama o de una comedia, no citaré la página de los textos aludidos, a fin de aligerar la lectura, teniendo en cuenta que el lector podrá fácilmente hallarlos, dadas las pocas páginas de texto que tiene un auto.

El pensamiento de la caída y de que el baile de la vida continúa a pesar de las caídas, se encuentra también en *Las espigas de Ruth*. Aquí se cantan y bailan las seguidillas «Es venir Zafio presto / tal maravilla», etc., y más adelante un baile en toda regla, con su caídas simbólicas, que empieza con el coro de la música «Norabuena el Padre / de familias venga» y termina cuando Booz dice «Detente y no se prosiga el baile» y a continuación se comenta por qué unos caen y se levantan y otros no.

En la Loa para *El verdadero Dios Pan* encontramos este profundo pensamiento expresado en los versos que subrayo: La Historia convoca a la Música y la Poesía para hacer con ellas su fiesta y dice:

> que yo al compás de las dos / hacer un festín pretendo
> y no será novedad / *pues es en varios sucesos*
> *maestra de danzar la Historia / para las mudanzas del tiempo.*

En este baile se equivocan la Poesía, la Música y la Fábula, haciendo de juez la Verdad y de narrador objetivo la Historia y se pone una pena a cada uno de los que cayeron.

En este mismo auto encontramos unos versos que corroboran el hecho de que muchos bailes cantados eran «tonos». Dice Simplicidad:

> Valerme de una tonada / de que ahora me acuerdo, pues
> al propósito trovada / ya que el tonillo sea viejo
> será moza la mudanza / ... Pues vaya de baile.

En esta ocasión Simplicidad canta a solo «Albricias, mortales, albricias», etc., siendo coreado cada uno de los versos por todos los músicos. Algo más adelante hay una danza de palos con música de gaita, cantando los músicos este romance:

> A la gaita hace a la luna / hoy fiesta todo zagal;
> si es bailar hacer mudanzas / qué bien le parecerán.

El auto *A Dios por razón de Estado* empieza con el canto de esta seguidilla:

> Gran Dios que ignoramos / abrevia el tiempo
> y haz que te conozcamos / pues te creemos.

La misma música y letra de este tono o seguidilla se utiliza como baile: «Salen la Música cantando y los hombres y mujeres que puedan, vestidas a lo romano, bailando». La Mujer 1.ª canta la copla «Dios no sabido hasta ahora», etc., al final de la cual se indica «Bailando cruzados atravesados».

Después del estribillo, la citada seguidilla. Un poco más adelante se baila una mascarada y en su desarrollo se indican «Vueltas en cruz». «Dos corros», «Cruzados en ala», «Bandas hechas y bandas deshechas». Todavía en la parte central del auto se baila una danza mora, una zambra cuyo estribillo es «Bailá, africanos, bailá / que ya se os acerca el profeta de Alá». En este baile se acotan «Dos cruzados», «Vuelta» y «La deshecha de la otra mudanza». Así que han sido ¡tres bailes en un solo auto!

Hacia la mitad de *El arca cautiva* se canta y baila «A la siega, a la siega, zagales». Un baile cantado tan parecido a éste, que se podrían cantar ambos con la misma música, es el de *La viña del Señor*, «A la viña, a la viña, zagales».

En *La serpiente de metal* hay tres bailes: el primero es un romance acompañado de pandero, que se canta en el mismo comienzo del auto: «Gócese el pueblo de Dios» donde salen las indicaciones siguientes: «Dos cruzados de a cuatro atravesados», «Tres cruzados de a tres», «Vueltas cada uno con la suya. Tres cruzados. Vuelta hombres y mujeres en redondo. Bandas». El segundo baile, en medio, «Venga en hora dichosa» con las indicaciones de «Culebrillas. Cruzado. Vueltas». El tercero hacia el final «Pues tenemos ya Dios a quien adorar».

En *El primer refugio del hombre*, después de la deliciosa seguidilla que canta Lascivia

cada vez que al pozo / mi pie camina,
más que mi cantarico / mis ojos brindan.

«salen los que puedan cantando y bailando con la Gula». Los músicos cantan el estribillo «A la casa de la Gula», etc., y hace las coplas la Gula. La música de esta seguidilla puede verse en mi obra *Teatro musical de Calderón*.

En *El árbol del mejor fruto*, hay una danza de Gigantones en la Loa, con acompañamiento de tamboril y cascabel; y en el auto lo que podríamos llamar «Baile de la reina de Saba» con su estribillo «Morena soy, pero hermosa», etc., donde el Pastor 1.º dice: «Hasta llegar al Alcázar / a baile y canto volved».

En *El pastor Fido* se canta el baile «Sea para bien»... cuyo texto lleva las acotaciones siguientes: «Banda. Deshecha. Vueltas en esquina. Vueltas por fuera y otras por dentro. Vueltas encontradas. Dos corros hechos y deshechos». Un poco más adelante hay otro baile «Viva el Fido Pastor bello» en que aparecen estas indicaciones: «Corro grande. Juntarse y apartarse. Afuera y adentro».

En *Los alimentos del hombre*, está el baile de las cuatro estaciones del año, donde cada una canta su copla y todas juntas el estribillo «sin cesar el baile e instrumentos, aunque represente Emmanuel sus versos entre copla y copla».

En *El jardín de Falerina*, salen cantando y bailando los cinco Sentidos y los cinco Vicios. El texto que se canta es un verdadero «libreto de ballet».

Un baile en rueda se hace en *No hay más fortuna que Dios*.

En *La piel de Gedeón*, se baila el romance cantado «Compitiendo con las selvas», por el que Calderón muestra predilección y hace cantar en otras obras suyas.

Baile hay también en los autos *A María el corazón*, en la Loa y auto de *El viático cordero*, en la Loa de *El nuevo hospicio de pobres*, *El día mayor de los días*, *El tesoro escondido*, *Andrómeda y Perseo*, *El indulto general*, *El divino Orfeo*, *El gran mercado del mundo*, *Lo que va del hombre a Dios*, *La semilla y la cizaña*, *El cubo de la Almudena*, *El socorro general*, *Llamados y escogidos*, *La vacante general*, y seguramente en todos los restantes, aunque no aparezcan acotaciones al respecto.

Parecidas anotaciones podría hacer acerca del baile en muchos dramas y comedias, mas para no alargarme pondré sólo dos ejemplos, uno de un drama y otro de una comedia. En la jornada II de *El pintor de su deshonra*, I, 888, tenemos un baile de máscaras bastante completo. En primer lugar Calderón describe el lugar donde el baile va a desarrollarse y es la plaza del Clos, de Barcelona, porque allí acuden todas las máscaras y los músicos tienen montado su tabladillo. Luego, «dentro grita; y córrese una cortina y están en un tabladillo los músicos y salen las mujeres que pudieren bailando, con máscaras». Tenemos en este baile tres elementos: 1.º El tono cantado y bailado

> Veniu las miñonas / a ballar al Clos,
>   ¡Tararera!
> que en las Carnestolendas / se disfraz el amor
>   ¡Tararera! etc.

2.º Un trozo breve hablado, que es comentario intermedio del mismo baile. 3.º El romance cantado y bailado «Reverencia os hace el alma» cuyos versos, cantados de dos en dos, alteran con otros tantos dísticos representados, pero siempre con fondo musical. Y para que de ello no haya duda escribe la acotación «Tocan, y mientras danzan, representan, y la música responde, todo a compás, sin pararse nunca los instrumentos».

Este mismo romance bailado «Reverencia os hace el alma / gloria de mi pensamiento», etc., lo pone Calderón en la comedia *El jardín de Falerina*, II, 1896, repitiendo la misma acotación «los instrumentos suenan siempre, aunque se represente». En el desarrollo del baile anótanse «Culebrillas». «Danse las manos». Tres cruzados». Hacen corros». «Cara a cara».

«Por de fuera» y «Paradetas». La acotación de que suenen los instrumentos aunque se represente, nos dice con toda claridad que los versos declamados en estos bailes son con fondo instrumental, formando así con el canto y con la música instrumental un todo completo que es el baile.

Un comentario especial merece la comedia *El maestro de danzar*. No hay tantas cosas como sería de esperar por su título, pero sí algunas dignas de mención. Por su protagonista Leonor nos enteramos de que en esta época, hacia 1660, las danzas se usaban ya muy poco en la Corte de Madrid, mientras continuaban en pleno apogeo en Valencia, donde se las llamaba *saraos* y *saraguetes*. También aparece claro que la guitarra era el instrumento básico para acompañar el baile. Por su parte, el maestro de danzar, Enrique, nos informa de lo que sigue:

> DIEGO - ¿Y qué es la primera lección?
> ENRIQUE - Ser solía el *alta*; pero / no es danza que ya está en uso.
> LEONOR - Ni la baja a lo que entiendo /
> ENRIQUE - Y así son los cinco pasos / los que doy y los que pierdo,
>   por la *gallarda* empezando.
> INÉS - Cuando se hablan son *floreos*.
> CHACÓN - Yo pensé que eran *pavanas*.
> DIEGO - Yo no estorbo, vaya, maestro.
> ENRIQUE - La reverencia ha de ser / grave el rostro, airoso el cuerpo,
>   sin que desde el medio arriba / reconozca el movimiento
>   de la rodilla; los brazos / descuidados, como ellos
>   naturalmente cayeren: / y siempre el oído atento
>   al compás, señalar todas / las cadencias sin afecto.
>   Bien. En habiendo acabado / la reverencia, el izquierdo
>   pie delante, pasear / la sala, midiendo el cerco
>   en su proporción, de cinco / en cinco los pasos. Bueno...
>   En sobrando su lugar, / hacer cláusula en el puesto
>   con un sostenido, como / que está esperando el acento..
> CHACÓN - Ella danza la *gallarda* / y él el *pie-gibao*...
> ENRIQUE - ... Con quebradillo / entrar ahora en el paseo.

En estas danzas o bailes se requerían todos los instrumentos disponibles y, aunque indirectamente, Chacón nos informa de la existencia de grupos de cuerda: «Toco el violón y soy maestro / de los demás violoncillos».

En *Apolo y Climene*, I, 1833, hay una acotación que arroja algo de luz sobre la manera de hacer estos bailes. Dice un Actor: «Veamos cómo en baile / se representa y se canta». A estos versos sigue la acotación «Representa Apolo, repite la Música y bailan todos, haciendo compás entre copla y copla». Se trata de un romance cantado y bailado. En la primera copla, a la recitación de cada verso por Apolo, sigue la repetición de cada verso por la música. Después continúa Apolo con el romance y al final de la segunda copla se escribe la indicación «Música y compás». Las coplas de

Apolo son representadas, o sea, recitadas o declamadas y al final de cada copla los músicos repiten el estribillo «Bellísima Climene» y después de cada vez que se canta el estribillo, los que bailan, cambian de lugar, o sea, que hacen una mudanza, de manera que aquí la palabra «compás» tiene el mismo sentido que en el arte de la esgrima: «Movimiento del cuerpo al dejar un lugar por otro». Así el canto del estribillo, la recitación del romance (que en estos casos es sobre fondo musical) y el baile forman una sola unidad artística.

En la lectura de Calderón he anotado un gran número de bailes de máscaras y que con frecuencia éstas van acompañadas con hachas. A este respecto conviene recordar que contrariamente a la idea vulgar y corriente que se tiene de los bailes de disfraces, los bailes de máscaras eran de alta categoría artística y social. Las mascaradas «estuvieron de moda ya en el siglo XVI en las cortes reales y principescas; abarcaban entradas alegóricas, mitológicas o satíricas interpretadas por personajes enmascarados y en los que intervenían música polifónica, danza y poesía... Cuando la monodia empezó a sustituir a la polifonía se confundió poco a poco con el «ballet de Cour». (A. VERCHALY, *Enciclopedia Salvat de Música*, vol. III, pág. 294.)

Aparte de los numerosos bailes de máscaras que hace Calderón en sus obras, conviene recordar especialmente la mascarada que hace bailar al final de *La fiera, el rayo y la piedra*, para la que el propio Calderón escribió el libreto. El baile de hachas era probablemente una modalidad del de máscaras. En la Bibl. Nac. de Madrid, Ms. M. 1360, fol. 204, hay música para la «Danza del acha». Transcrita dicha música, resultó ser la tonada tradicional de «las vacas» que tanto se prestan a hacer artísticas variaciones musicales con las consiguientes mudanzas en el baile. Cf. M. QUEROL, *La canción popular en los organistas españoles del siglo XVI*, en Anuario Musical, XXI, 1966, pág. 85).

2. *Danzas y bailes citados por Calderón*

Frente a la gran cantidad de bailes que se hacen en la representación de las obras de Calderón, basadas en los textos que se cantan y bailan en dichas obras, la lista de las danzas y bailes que podríamos llamar históricos o tradicionales es más bien corta y comprende solamente los siguientes: Alemana, alta, baja, canario, gallarda, jácara, pavana, paradetas, pie de gibao, Rugero, seguidillas y zambra.

Para el conocimiento del canario, gallarda, jácara y seguidilla remito al lector a mi libro *La música en las obras de Cervantes* (Barcelona, 1948), anotando aquí solamente que en el teatro de Calderón se cantan y bailan innumerables seguidillas. Algunas con música de J. Hidalgo pueden verse en la ópera *Celos aun del aire matan*. Para las restantes consúltese Cotarelo, *ob. cit.*, el título 9. «Danzas y bailes mencionados en los entremeses». Aquí, por mi parte, solamente aclararé algunos aspectos de la Alta, la Baja y el Rugero, ofreciendo algunos datos nuevos hallados por musicólogos posteriores a Cotarelo.

En primer lugar, en cuanto a la Alta y la Baja se refiere, hay que arrinconar de una vez la pueril explicación de que se llaman así porque dichas danzas provienen de la alta y baja Alemania respectivamente. El nombre de «Alta» se daba a un conjunto instrumental de viento y significa «alta música», o sea, música fuerte, producida por instrumentos de viento. La primera cita histórica de la Alta nos la da J. Tinctoris, a fines del siglo xv. Tinctoris habla de la chirimía, de la bombarda y del trombón de varas y dice que todos estos instrumentos juntos se llaman *alta*.[3] Que éste sea el sentido verdadero no cabe duda alguna, teniendo en cuenta especialmente los documentos referentes a la música en la Corte de los Reyes Católicos.[4] Por otra parte era normal en los siglos xvi y xvii que al nombre de una danza correspondiese una melodía o «Tenor» que le servía de base, de suerte que las diferentes mudanzas resultaban ser variaciones sobre la melodía de la danza en cuestión. El «Tenor» o melodía de la Alta es hoy día conocido. El ejemplo musical más antiguo es el Alta de Francisco de la Torre en el *Cancionero Musical de Palacios*, n.º 439 de la edición de Barbieri y 321 de la de H. Anglés. Es una composición puramente instrumental. Yo mismo he identificado el Tenor del Alta de la Torre con el «Canto llano de la Alta» para órgano de Antonio (Cabezón).[5] La Baja usa a veces el mismo Tenor de la Alta, lo que demuestra que su diferente nombre se funda más en el uso de un distinto conjunto instrumental que en una diferente melodía. Existe una descripción de ambas danzas en un manuscrito del siglo xvi.[6]

El Rugero es citado por Calderón en *El pintor de su deshonra*, I, 889:

Uno, dos, tres, cuatro, cinco, / señalados y a concierto.
SERAFINA - ¿Qué es lo que queréis danzar
máscara ¿Que ser no quiero
grosera.
D. ALVARO -   Toca el Rugero.
SERAFINA - ¿Por qué el Rugero escogéis?
D. ALVARO - Porque a vuestra vista atento
decir pueda en esta calma...

---

3. Cf. H. BESSELER, *La cobla catalana y el conjunto instrumental de danza «alta»*, en Anuario Musical, IV (1949).

4. H. ANGLÉS, *La música en la Corte de los Reyes Católicos*, vol. I, págs. 33-34, 62 y 68.

5. Anuario Mus. XXI (1966), M. QUEROL, *La canción popular en los organistas españoles del siglo XVI*, pág. 67.

6. Cf. COTARELO, *ob. cit.*, pág. CCXXXIII-IV.

«Tocan, y mientras danza, representan, y la música responde, todo a compás, sin pararse nunca los instrumentos»

MÚSICOS - Reverencia os hace el alma, etc.

De este texto se deduce que era una danza sosegada que permitía hablar confidencialmente con la pareja. El texto de este Rugero es un romance que se encuentra ya en el teatro de Lope de Vega y Cervantes y aunque no se dice el nombre de Rugero, es probable que fuese cantado con la música de éste.

El Rugero es una melodía de origen italiano que se empleó en los siglos XVI y XVII como bajo instrumental.[7] Su nombre es el de la primera palabra de una octava rima del *Orlando furioso* de Ariosto a la que se aplicó la melodía en cuestión:

Rugier qual siempre fui, tal esser voglio
fin a la morte, più se più si puote, etc.

Con este texto existe una versión para voz y vihuela de Valderrábano en su *Silva de Sirenas* (Valladolid, 1547), edición moderna de E. Pujol (Barcelona, 1965), n.º 15. Otra versión para órgano puede verse en el *Libro de Cifra Nueva de Venegas de Henestrosa* (Alcalá, 1557), en *La música en la Corte de Carlos V*, por H. Anglés (Barcelona, 1944), pág. 190 de la parte musical. Una tercera versión está en Gaspar Zanz, *Instrucción de Música sobre la Guitarra Española*, ed facsímil, Zaragoza, 1952, pág. LXXXI. En esta misma página G. Sanz imprimió también una versión de Las Paradetas.

Anotemos finalmente una «Danza de pescados» como final del drama *El mayor encanto, amor*, en la que los danzantes iban disfrazados de tritones, sirenas y otros peces, y el canto de los versos esenciales del «Baile de la Colmeneruela» en *Dicha y desdicha del nombre*, II, 1835.

Al baile te desafía
la colmeneruela,
ven, amor, si eres Dios, y vuela.

Una versión literaria completa de este baile puede leerse en la página 482 de la *Colección de Entremeses*, de E. Cotarelo.

---

7. Sobre el Rugero en los madrigalistas véase A. EINSTEIN, *The Italian Madrigal*, vols. I y II, págs. 209, 466 y 847.

CAPITULO XII

Conocimientos musicales de Calderón

No haré aquí una estadística de todas las palabras referidas al lenguaje musical que se encuentran en las obras de Calderón, como tiple, contralto, cantrabajo, solfa, templar, himno, cántico, etc., sino solamente algunas citas que demuestran que nuestro dramaturgo tenía unos conocimientos musicales más elevados que el nivel ordinario de los hombres cultos.

Calderón como Góngora, vive inmerso en el mundo de la música y por ello con la misma naturalidad, que el poeta cordobés, en pocos versos usa numerosas expresiones del lenguaje musical. Díganlo, si no, estos versos:

> ¿Qué importa que los vientos / en sutil *consonancia*
> *armonía* y fragancia / confundan, siendo aromas e *instrumentos*
> el *concepto sonoro* / con *cuerda*s de ámbar en *trastes* de oro?
> ¿Qué importa que las fuentes / cuando llego a verlas,
> rían llorando perlas / que en *cláusulas* y acentos diferentes
> el *compás* llevan graves / al métrico *discante* de las aves?

Desentrañando un poco el sentido de estos versos, Calderón dice que los vientos perciben la unión de la armonía, que ellos mismos crean con su soplo, y de la fragancia que arrastran los campos, como una consonancia y que los instrumentos musicales y los aromas son cuerdas de ámbar y trastes de oro al servicio de la idea musical. (Recuérdese la música de los elementos en la Loa para *El jardín de Falerina* y lo que hemos dicho antes acerca del lenguaje de la música trasladado al mundo de la Naturaleza.)

Cláusula. Calderón innumerables veces utiliza la palabra cláusula en sentido musical, es decir, un pensamiento musical corto, pero lleno de sentido, acepción desconocida por Covarrubias en su *Tesoro de la Lengua.* La cláusula musical nació con la técnica de la polifonía medieval. He aquí algunos ejemplos de cómo Calderón emplea esta palabra en estricto sentido musical: En *El verdadero Dios Pan*, III, 1238:

> La cláusula soy en quien / la armonía de los cielos
> compuso el tono de a cuatro / entre los cuatro elementos.

En *El árbol del mejor fruto*, III, 1001: «Salen todas las mujeres y hombres que puedan cantando y bailando y mientras bailan... y en las *cláusulas de la música* las chirimías y todos con instrumentos diferentes». En *El pintor de su deshonra*, I, 886, dice:

> No será esta la ocasión / primera que hablado haya
> en cláusulas el amor / y *fantasías*; que todas (cláusulas y fantasías)
> *compuesta música son.*

Las cláusulas y fantasías son citadas también en *El jardín de Falerina*, III, 1508. Dice la acotación: «Tocan en el instrumento algunas fantasías, sin dejar de representar, y dice el Oído:

> que atiendas / será bien a que le debes
> las dulces *cláusulas* tiernas / de las hojas y las guijas,
> cuando unísonas concuerdan / las copas y los arroyos
> y en *fantasías* diversas / el sentido del Oído
> te regala y deleita.

La fantasía, como forma musical, en los siglos XVI y XVII consistía en una serie de exposiciones de breves fugas sucesivas sobre motivos diversos. Prácticamente la palabra fantasía era sinónima de «tiento» y equivalía al «ricercare» de los italianos. En las obras de nuestros grandes vihuelistas, Milán, Narváez, Mudarra, Valderrábano, etc., se encuentran numerosas y muy bellas fantasías.

Cadencia musical. En *El laberinto del mundo*, III, 1555, dice Verdad:

> ... lo que tú cantas / llorará sin que la letra
> ni el tono de las dos distinga / más que solo la cadencia.

Cifra. Antiguamente la música para órgano, vihuela, arpa e instrumentos análogos se escribía con números o cifras, a cuyo conjunto se daba el nombre de tablatura. Ejecutar la música cifrada era prerrogativa de los profesionales. Calderón con gran originalidad dice en *El Divino Orfeo*, por boca de Eurídice, que Jesucristo es un maestro de capilla que entiende la música cifrada del Universo:

> viendo que entiendes la cifra
> de la música del orbe,
> que eres maestro de capilla...

Discante. Del latín *discantus*, se llamaba así en la música antigua a la voz que hacía el contrapunto al Cantus Firmus en las composiciones a dos voces. En el citado pasaje de Calderón las aves hacen el discante al llanto de las fuentes.

Fuga. La fuga es la forma musical más desarrollada del estilo imitativo. En todo tiempo ha sido considerada como un exponente de sabiduría técnica por parte de los compositores. En los siglos XVI y XVII se daba el nombre de fuga a los trozos o pasajes de música vocal o instrumental basados en imitaciones, generalmente a la quinta, a la cuarta y a la octava. Donde más abundan estas imitaciones es en las misas y motetes. He aquí algunas citas de nuestro inconmensurable Calderón. En *La fiera, el rayo y la piedra*, I, 1602, dice Isabella:

> Que a los músicos no toca / reñir, pues es cosa clara
> que *su oficio es hacer fugas.*

En *El postrer duelo de España*, I, 1278, encontramos este curioso pasaje cantado por los Villanos:

> Dos higas dio a nuesa ama
> por no arrojarla, aquel jazmín
>   «Esto es tono»
> y ella por no agradecerlas
> dio una a mayo y otra a abril
>   «Esto *fuga* para bailado»

Estas dos acotaciones indican que los dos primeros versos eran cantados en el estilo de los tonos, mientras que los dos versos siguientes se cantaban y bailaban con estilo imitativo por parte de la música.

En *El jardín de Falerina*, III, 1503-4, encontramos estos versos que solamente podía escribir un poeta con conocimientos musicales:

> Somos un tono de a cuatro / los cuatro elementos,
> que unítono siempre en el punto de amigos,
> no nos desune la *fuga* de opuestos.

Pero la cita más importante es sin duda la de *El monstruo de los jardines*, I, 2011-12:

> LIBIO - Quién puso espadas y broqueles
>   en solfa jamás?
> LIDORO -   ¿Qué haces?
> LIBIO -   *La fuga de este motete.*
>   A decir que callen voy,
>   porque en estilo no entren
>   de matarse dos debajo de compás.

Aquí hay un detalle que encubre sutilmente los conocimientos musicales de Calderón y está en las palabras «porque en estilo no entren de matarse dos debajo de compás». Estas palabras aluden al hecho de la práctica de la polifonía clásica, denominada «a la breve» que consiste en cantar dos notas semibreves por cada compás.

Mano musical. Llamada también mano armónica y mano guidoniana, era un procedimiento nemotécnico que servía para los ejercicios de solmisación o solfeo fundado en el sistema de los hexacordos. La mano fue el primer método de solfeo y el maestro se servía de una mano dibujada o de la mano del propio alumno. La mano se encuentra en la mayor parte de tratados antiguos españoles de teoría musical hasta el siglo XVIII. Calderón nos habla de ella en *El jardín de Falerina*, III, 1504-5, donde podrá ver el lector las complicadas y sutiles explicaciones que hace Calderón acerca de la mano musical, explicaciones que no traslado aquí por ser largas y no tener sentido, sino es copiando al mismo tiempo muchísimos versos que no se refieren a la música. Véase lo que acerca de ella se dice en el capítulo III «Exaltación del poder de la Música».

Glosa, glosar, glosado. En música la palabra glosa es sinónimo de variación musical. En sentido literario significa comentario poético a unos versos elegidos de antemano. El texto que sigue incluye ambos sentidos:

> TIBURTINA - Yo a la música inclinada / pedí que sonoro y tierno
> cántico *glose* una copla.
> S. TOMÁS - Y yo hice a ella estos versos.
> FE - Siendo cántico razón / será que de ella haga acuerdo
> la música y que acompañe / a la *glosa*, repitiendo
> el verso que va *glosado*.

Motete, motecico, mote. (*Sacro Parnaso*, III, 794-5). Calderón en este lugar emplea la palabra motete en sentido profano, como sinónimo de canción y usa el vocablo «mote» y su diminutivo «motecico» en lugar de motete, según el número de sílabas que conviene a sus versos. Lo que en realidad se canta en el lugar citado son coplas de seguidilla. He aquí una de las citas:

> REGOCIJO - ... con aqueste *motecico* / se arrime este penitente:
> MÚSICOS - Pero ¿qué clarín ha herido el aire?
> tal, que aun piedras bezares / son piedra alumbre».

Tropos. En *El nuevo palacio del Retiro*, III, 134, dice la Sabiduría y cantan los Músicos:

> El buen pastor en buen retiro está
> y en metáfora pía
> oigan los *tropos* que su sitio envía.

Se llama tropo el comentario o ampliación de un texto litúrgico acompañado siempre de su melodía correspondiente. En otras palabras, es un breve texto con música interpolado dentro de otro más importante. En el pasaje calderoniano los tropos, hablando en metáfora pía, son las cuartetas o coplas que cantan los músicos a continuación de los versos citados, mezclados con paráfrasis habladas.

El investigador musical no puede descuidar la lectura de una obra, cuando hace un trabajo sistemático, por el hecho de que no haya en ella intervenciones musicales, pues aunque no se cante ni se toque, pueden encontrarse conceptos referentes a la música no carentes de interés. Tal sucede en la comedia *También hay duelo en las damas*, II, 1492, donde encontramos en el principio de la misma que se compara el amor a una composición musical a cuatro voces, al mismo tiempo que se hace un análisis psicológico de los efectos de la repetición musical en el alma. Isabel, la criada, encuentra que las cartas de amor todas son iguales. A lo que replica Violante:

> Necia eres / pues ¿no sabes que el idioma
> de amor tan corto es, tan breve / que a cuatro voces no más
> se reduce? Porque tiene / cosas de música amor.

Continuando en la misma idea de que el amor, aunque diga siempre las mismas palabras, siempre deleita, Violante dice a su criada que un instrumento bien afinado no deja de sonar armonioso por el hecho de que no hagan variaciones musicales cada vez que le tocan. En este lugar Calderón alude una vez más a las piezas musicales llamadas fantasías y a las diferencias o variaciones musicales que los músicos hacían sobre el tema de aquellas. Todo el discurso de Violante es la consideración estética de la belleza constante del uniforme cantar del ruiseñor, del compás libre de las hojas al viento y del sonoro correr del arroyo. Una vez más habla también de las cláusulas y de los trastes. Pongo solamente los cinco primeros versos:

> ¿Deja un templado instrumento, / como armonioso suene,
> de sonar armonioso / porque no le diferencien
> cada vez las fantasías?

Aquí el verbo diferenciar significa hacer diferencias, variaciones musicales.

Si a estas citas y otras que omito, añadimos las palabras técnicas referidas al arte de la danza y a los instrumentos y a los conceptos expuestos en los capítulos anteriores, tendremos una idea aproximada de los nada comunes conocimientos musicales que tenía Calderón comparado con otros escritores de su tiempo.

INDICE